MARC MÁRQUEZ

nato per vincere - born to win

MARCO MASETTI

MARC MÁRQUEZ
nato per vincere - born to win

GIORGIO NADA EDITORE

Giorgio Nada Editore Srl

Coordinamento editoriale/Editorial manager
Leonardo Acerbi

Redazione/Editorial
Giorgio Nada Editore

Traduzione/Translation
Neil Davenport

Progetto grafico e impaginazione/Graphic Design and layout
Sansai Zappini

Copertina/Cover
Sansai Zappini

© 2014 Giorgio Nada Editore, Vimodrone (Milano)

Giorgio Nada Editore
Via Claudio Treves, 15/17
I – 20090 VIMODRONE MI
Tel. +39 02 27301126
Fax +39 02 27301454
E-mail: info@giorgionadaeditore.it
http://www.giorgionadaeditore.it

Fonti iconografiche/Picture credits

Gigi Soldano
Tino Martino
Jaime Olivares
Callo Albanese
Fermino Fraternali
Henk Keulemans

Allo stesso indirizzo può essere richiesto il catalogo di tutte le opere pubblicate dalla Casa Editrice.

The catalogue of Giorgio Nada Editore publications is available on request at the above address.

Distribuzione:
Giunti Editore Spa
via Bolognese 165
I – 50139 FIRENZE
www.giunti.it

Certificato PEFC
Questo prodotto è realizzato con materia prima da foreste gestite in maniera sostenibile e da fonti controllate
PEFC/18-31-356
www.pefc.it

Marc Márquez
ISBN: 978-88-7911-612-1

Sommario

Prefazione / *Preface*

Ho conosciuto Márquez qualche anno fa quando siamo stati premiati entrambi con il Pinguino d'Oro e, già in quell'occasione, ho avuto l'impressione di trovarmi davanti una persona dal volto pulito, sempre cordiale e disponibile. Era il 2010 e lo spagnolo aveva appena vinto il titolo mondiale nella 125.

Da quel momento in poi è stato un autentico crescendo e anch'io, come tutti nell'ambiente, mi sono ben presto accorto del suo immenso talento.

Aggressivo e determinato in sella ma anche metodico e rigoroso nel box, Marc possiede indiscutibilmente il DNA del campione, quel qualcosa in più che in pista fa la differenza e che segna il sottile ma fondamentale confine tra il bravo pilota e il vincente.

In più di un occasione, nell'anno del suo secondo titolo in MotoGP, nella stagione in cui ha rischiato di battere il mio record di dieci vittorie consecutive, mi è stato chiesto se e cosa possa accomunare due piloti come noi. Difficile dire perché abbiamo corso in epoche realmente differenti, con moto e su piste diversissime.

Eppure, spesso, nei box, lo vedo con quel sorriso sincero all'Agostini che, in fondo, ci accomuna.

I met Márquez some years ago when we were both presented with the Pinguino d'Oro and on that occasion it was already clear that this fresh-faced boy was particularly friendly and open. It was 2010 and the Spaniard had just won the 125 World Championship title.

From that moment on there was an authentic crescendo and like everyone else in the racing world I soon aware of his remarkable talent.

Aggressive and determined on the bike but also methodical and rigorous in the pits, Marc without doubt possesses the DNA of a champion, that something extra that on the track makes the difference and marks the subtle yet fundamental confine between a good rider and a winner.

On more than one occasion, in the year of his second MotoGP title, in the season in which he risked beating my record of ten consecutive victories, I was asked what it was that riders like us shared. It is difficult to say because we raced in really very different eras, with bikes and tracks light years apart.

And yet, in the pits, I often see him with that sincere Agostini smile which is what actually brings us together.

Giacomo Agostini

Il fenomeno Márquez
The Márquez phenomenon

Può sembrare incredibile, ma nessuno è ancora riuscito ad inquadrare alla perfezione un pluricampione del mondo, uno degli sportivi più visti ed analizzati degli ultimi tempi. Nessuno è ancora riuscito a fargli un ritratto perfetto, a scoprire punti deboli e le eventuali "zone grigie" di Marc Márquez.

Più precisamente, nessuno è ancora riuscito a scoprire quale sia il limite, ossia il confine, di un pilota che viene, ad ogni uscita in pista, "radiografato" attraverso una miriade di dati. Niente da fare, non si riesce a capire come un ragazzo catalano portato alla velocità sia diventato, in pochissimo tempo, la più implacabile macchina da vittorie della MotoGp.

Certo, non è impossibile trovare in lui caratteristiche comuni ad altri sportivi vincenti, su tutte, quella più evidente, il sorriso. Che è un aspetto adorabile per sponsor e tifosi, due categorie che amano con trasporto Marc, ma terribile per i rivali. La leggenda sportiva del pugile sorridente esiste fin dagli albori della boxe e racchiude una grande verità. Si è sempre detto che un pugile si spaventa quando, dopo aver colpito con una raffica di pugni l'avversario, se lo vede di fronte sorridente. È in quel momento che comprende quanto la situazione si stia facendo complicata. Perché colpire uno che reagisce con smorfie di dolore significa che i colpi sono andati

As incredible as it might seem, no one has yet managed to perfectly capture a multiple world champion, one of the most visible and closely analysed sportsmen of recent times. Nobody has yet succeeded in producing a perfect portrait, or uncovering any weaknesses or "grey areas" of Marc Márquez.

More precisely, no one has yet managed to discover the limits, or the confines, of a rider who every time he takes to the track is analysed through myriad data. Nothing doing, it's just not possible to work out how this Catalan kid with a taste for speed has, in such a short time, become the most implacable winning machine in MotoGP.

Naturally, it's easy enough to find characteristics he shares with other successful sportsmen, above all that beaming smile. A smile that may be adorable for those sponsors and fans who love Marc unconditionally, but which has a rather different effect on his rivals. The legend of the smiling boxer has been around since the dawn of that sport and contains a great truth. It has always been said that a boxer begins to worry when after pounding his rival with a flurry of punches not only is he still standing but also smiling. It's at that point that he realises that things have just become more complicated. Hitting a man who reacts with a grimace of pain means that the blows have landed where it hurts, while a

Ma a chi somiglia?
Praticamente un bambino che sembra arrivato presto al Mondiale, un sorriso che fa pensare alla gioia per un giocattolo nuovo, ma dentro c'è già la grinta e la voglia di vincere dei campionati.
Nel 2008, quando fu scattata questa immagine, gli avversari ancora non sapevano chi sarebbe diventato Marc Márquez. Lui sì.

So who does he resemble?
Little more than a child who seems to arrived early at the World Championship, a smile that recalls the joy of a new toy, but inside there's all the drive and the will to of a champion. In 2008, when this shot was taken, his adversaries had yet to know who Marc Márquez would become. He already did.

MARC MÁRQUEZ
nato per vincere - born to win

a segno e hanno fatto male, mentre trovarsi di fronte un volto sorridente fa toccare con mano il fallimento dell'attacco.

Questo, con Márquez, capita sempre. Il rivale scende dalla moto, dopo una gara o una qualifica, sudato e provato per lo sforzo e la tensione e si ritrova di fronte, nel parco chiuso o diffusa dagli schermi televisivi, l'immagine sorridente di Márquez. Se si trattasse di una tecnica per smontare gli avversari, il gioco durerebbe poco: nello sport ai più alti livelli, la recita può riuscire, ma solo nel breve periodo, poi viene ineluttabilmente scoperta. Mentre Marc continua a ridere e a vincere...

In pista lo sanno tutti che contro di lui sono dolori perché ha la capacità di andare forte in breve tempo, cosa che non riesce a chiunque, anche tra i top rider della MotoGP. Prendiamo Dani Pedrosa, suo compagno di squadra: è un pilota veloce, che corre da una vita e che conosce alla perfezione la Honda, eppure ci mette sempre un paio di turni prima di essere davvero veloce, per dichiararsi, come si dice in gergo, "a posto". Essere a posto, nel motociclismo moderno significa essere riusciti ad accordare alla perfezione uno strumento che si chiama moto. Un oggetto terribilmente complesso, nel quale spostare qualcosa di un paio di millimetri può scombinare tutto, e dotato di un'elettronica che permette migliaia di combinazioni diverse tra i vari controlli, il tipo di erogazione, il comportamento del motore a seconda dell'inclinazione o del tratto di pista che si sta percorrendo. E poi ci sono le gomme, la cui scelta è una delle questioni più sentite dai piloti e dai loro tecnici. Un lavoro pazzesco quello che si fa nel box, nel quale si sviluppano incredibili doti di

smiling face means that the attack has at least to some extent failed.

With Márquez this is always the case. His rival gets of his bike after a race or at the end of qualifying, tense, sweating and exhausted after his efforts, and what does he find in the parc fermé or beaming from every TV screen? The smiling face of Marc Márquez. However, were it just a technique for deflating his adversaries the game would soon be up: at the highest levels of sport, this kind of playacting will only work for a while before being inevitably unmasked. Yet Marc's still smiling and still winning…

On the track they all know that they're going to struggle because he has the capacity to go hard from the get go, not something that just anyone can boast, even among the top MotoGP riders. Take Dani Pedrosa, his teammate, for example: a quick rider, one who's been racing all his life and knows his Honda inside out, and yet he'll take a couple of laps to get up to speed, to get into the groove as they say. Being in the groove in modern racing means being at one with your bike. A terribly complex object, in which shifting a minor component by as little as a couple of millimetres might upset everything else; one equipped with electronics that permit myriad different adjustments to parameters including power delivery and engine mapping according to the degree of slope or the section of the track being covered. And then there are the tyres, the choice of which is one of the most delicate issues for riders and their engineers. An incredible amount of work is done in the pits where an intense understanding is developed between the rider and those working

È finito il tempo dei giochi, Marc è ancora giovanissimo, ma è già arrivato in Moto2 con l'obiettivo di vincere.
Lo sguardo si fa duro e determinato in vista delle battaglie che lo attendono nella stagione 2011.

The time for toys was over; Marc was still very young but was already competing in Moto2 with the aim of winning. His gaze became hard and determined ahead of the battles that awaited him in the 2011 season.

MARC MÁRQUEZ
nato per vincere - born to wi

comunicazione tra il pilota e chi è con lui. In pochi istanti bisogna affrontare diverse problematiche e trovare le possibili soluzioni, in sintonia con il capomeccanico o l'ingegnere di pista, il "gommista", il tecnico delle sospensioni, l'informatico che gestisce il cervello elettronico della moto. Marc ci riesce molto bene, ma non si fissa ossessivamente sui problemi, è capace di guidare anche sopra essi. Era così Casey Stoner, amletico e tormentato talento che ha vivacizzato l'era pre-Márquez. L'australiano dava gas e andava veloce appena riusciva a trovare un setting più o meno azzeccato. Poi si fermava e si innervosiva se qualche ingegnere lo costringeva a sperimentare qualcosa di diverso. Un conservatore veloce, lo si potrebbe definire.

Marc è meno radicale e, soprattutto, si fida al 100% del suo gruppo di lavoro, buona parte del quale lo segue da anni. Il personale tecnico, il *crew* come lo definiscono gli anglosassoni, è fondamentale per la carriera di un pilota, perché nel box bisogna capirsi in pochi attimi, visto che non si possono fare lunghe conversazioni durante un turno di prove. Per quelle c'è tempo (e tanto) nei debriefing tecnici che seguono le prove. I piloti si chiudono nel box e si confrontano con i tecnici, in vista dell'impegno del giorno dopo. I tifosi magari immaginano chissà cosa, birra a fiumi e belle tifose ben disposte. Invece no, il pilota moderno è un professionista che si concede ben poche distrazioni. Riunioni con i tecnici, sedute di fisioterapia, allenamenti e a letto presto. Marc è perfetto per questa chiave di lettura moderna della professione di pilota: fin da bambino ha sempre rigato dritto e nel box c'è sempre il padre a fianco, oltre

with him. Within the space of a few moments diverse technical problems may have to be tackled and possible solutions found, in harmony with the chief mechanic, the "tyre guy", the suspension engineer and the IT specialist in charge of the bike's electronic brain. Marc does all this very well, but manages to avoid fixating on the problems and ride on over them. This was true of Casey Stoner, a Hamletic and tormented talent who enlivened the pre-Márquez era. The Australian opened the throttle and was quick as soon as he found a reasonably decent setting. The he'd come in and would be irritated if one of the engineers obliged him to try something different. A rapid conservative we might define him.

Marc is less radical and, above all, places 100% trust in his team, most of whom have been with him for years. The pit crew is a fundamental part of a rider's career as those in the box have split seconds to make decisions given that there is no time for in-depth conversations during a qualifying session. There's time (and plenty of it) for all that in the technical debriefings that follow. The riders will shut themselves in the garage and discuss with the engineers in view of the next day's race. The fans might well imagine all kinds goings on, rivers of beer and willing grid girls. But no, the modern rider is a professional who allows himself very few distractions. Meetings with the engineers, physiotherapy sessions, training and early to bed. Marc is perfect for this modern incarnation of the pro rider: ever since he was child he has toed the line and in the pits his father is always at his side, along with a right-hand man, the mechanics and the HRC management. Close, but not too close, so

Un'immagine insolita: Marc con il numero 1 sulla sua Suter Moto2. Come tutti i piloti moderni, Márquez ha un numero personale, il 93 nel suo caso, che diventa un autentico marchio capace di restare per tutta la carriera. La logica del *brand* applicata alle corse.

An unusual shot: Marc with the number 1 on his Suter Moto2. Like all modern riders, Márquez has a personal number, 93 in his case, which he could well retain throughout his career. The brand logic applied to racing.

MARC MÁRQUEZ
nato per vincere - born to wi

ad un uomo di fiducia, ai meccanici, al management dell'HRC. Vicini, ma non troppo, per non soffocare il carattere vivace, per non spegnere mai il sorriso. Qualche suo detrattore, anni fa, sosteneva che Marc fosse un perfetto pollo d'allevamento, prodotto di un sistema targato Spagna, Repsol (l'ente petrolifero spagnolo che lo supporta fin dal debutto nel Mondiale) e Honda. Un pilota veloce, aggressivo, ma telecomandato, uno che si fida in toto dell'elettronica e che chiude un lavoro di squadra. Un frontman, secondo gli amanti del rock. Parole sante, ma solo in parte. È vero, per arrivare in MotoGp ci vuole una solida base fatta di sponsor che credono in un progetto e di un costruttore disposto a spendere decine di milioni di euro per realizzare la moto migliore e stracciare la concorrenza. Come è verissimo che un pilota di oggi debba essere preparatissimo e saper sfruttare, anche fidandosi ciecamente, del mezzo che sta guidando. Ma il ragazzo dei record ha sfruttato questo invidiabile supporto lottando e battendo tutti. Mettendoci un ingrediente assolutamente inedito e devastante sui rivali: l'effetto Marc Márquez. Per la prima volta, in un solo uomo, si ritrovano tutte le caratteristiche del pilota moderno. Capace di essere veloce e aggressivo, ma anche in grado di gestire gli imprevisti di una gara. Uno che attacca ma che sa difendere. Un pilota che raramente sbaglia una qualifica dimostra di saper andare velocissimo a comando, ma la gestione di una gara è qualcosa di tremendamente più complesso. Significa non esagerare nella bagarre iniziale, quando tutti rischiano qualcosa di più, ma non perdere tempo e posizioni. E poi, al momento giusto, sa

as not to suffocate his vivacious character or dim that smile.
Years ago, the occasional detractor would say that Marc was a battery chicken, a perfect product of the Spanish, Repsol (the oil company that has supported him since his world championship debut) and Honda system. A fast, aggressive but remote-controlled rider, one who places absolute trust in his electronics and who completes a team. A frontman in rock and roll terms.
True enough, but by no means the whole truth. To break through in MotoGp you need a solid base composed of sponsors who believe in a project and a constructor willing to spend tens of millions of Euros to create the best bike and out do the opposition. It is equally true that in today's racing a rider has to be incredibly fit and capable of exploiting to best effect while having absolute faith in the bike he's riding. However, this record-breaking kid has taken advantage of this enviable support to battle with and overcome everyone. What he brings to the table is a unique and devastating ingredient: the Marc Márquez effect.
For the first time in a single man we find all the vital characteristics of the modern rider. An ability to be fast and aggressive, but also capable of dealing with the unexpected during a race. A rider who attacks but knows how to defend. A rider who rarely puts a foot wrong in qualifying shows that he can be quick when needed, but managing a race is a far more complex matter. It means coming through those initial skirmishes, when everyone is risking a little more, but without losing time or giving up positions And then, when the time is right, attacking

Si chiama lo sguardo della tigre, quello che terrorizza i rivali e che fa capire quali sono le possibilità di un pilota di andare a trovare il limite per vincere. Marc ce l'ha e i suoi occhi sembrano sempre andare oltre, alla ricerca del traguardo.

It's known as the tiger's gaze, the one that terrorizes rivals and reveals the ability of a rider to find the limit and go on to win. Marc has that ability and his eyes always seem to be projecting beyond, in search of finish line.

MARC MÁRQUEZ
nato per vincere - born to wi

scattare e andare al comando, imponendo un ritmo che taglia le gambe ai rivali. A parole sembra facilissimo, ma quando si fa uno sport nel quale si frena davanti ad una curva a 340 chilometri orari, lottando con gente alla quale non puoi regalare nemmeno un secondo, dominando un oggetto che pesa poco più di un quintale e mezzo ed è spinto da un motore che eroga 260 cavalli, diventa tutto mostruosamente difficile.

Farlo con il sorriso stampato in faccia, poi, deve essere davvero un'impresa molto complicata...

Per i media, Márquez è l'uomo dei record, il golden boy che è diventato, in meno di due stagioni, lo spietato dittatore di uno sport, quello che fa notizia solo se non vince.

Per chi lo ha visto correre, ragazzino gracile e tutto nervi, in 125, per chi lo ha visto commettere molti errori, per chi gli ha visto compiere rimonte apparentemente impossibili (a proposito, la prima fu nel 2010 in Portogallo quando cadde nel giro di allineamento e ripartì dalla pit lane) è un viaggio appassionante. Quel viaggio che ha trasformato un ragazzino spagnolo, veloce e grintoso, nel nuovo mostro della MotoGP. Una trasformazione che lo ha visto passare dal ruolo del piccolo fan che chiede un autografo a Valentino Rossi, a quello di Campione del mondo. Una serie di passaggi velocissimi come il suo modo di correre, nel corso dei quali ha cambiato moto, rivali, categorie, senza mai smettere di vincere. Perché Marc Márquez è nato per vincere.

and taking control, imposing a rhythm his rivals can't live with. Easy enough to say, but in a sport in which you might be braking for a corner at 340 kph, dicing with riders you can't afford to give away a single second to, dominating a machine that weighs little more than 200 kg but produces 260 horsepower, it all becomes monstrously difficult.

And doing it with a broad smile across your face must really be a job and a half...

For the media, Márquez is the record man, the golden boy who in less than two seasons has become the ruthless dictator of a sport, a rider who makes headlines only when he fails to win.

For those who have seen him race in the 125 category, a taut, slim kid, for those who have seen him make numerous errors, for those who have seen him complete seemingly impossible fight backs (the first being in 2010 in Portugal when he fell during the parade lap and had to start from the pit lane) it has been a thrilling journey.

A journey that has transformed a fast, tough, Spanish kid into the new MotoGP maestro. A transformation that has seen him rise from the role of the young fan asking for Valentino Rossi's autograph to that of World Champion. A series of incredibly fast passages, just like his style of racing, during which he has changed bike, rivals and categories while continuing to win, always. Because Marc Márquez was born to win.

Sono il numero uno: il dito alzato significa semplicemente questo. Anche nell'ambientazione quasi irreale di Motegi, con un samurai che lo attende per i festeggiamenti e i fumogeni che creano l'atmosfera, il pilota ha un solo messaggio da lanciare al mondo: ho vinto, sono il numero 1. Quello che tutti sognano di battere.

I'm number one: that's what the raised finger simply means. Even in the slightly surreal setting of Motegi, with a samurai waiting to celebrate with him and smoke bombs adding to the atmosphere, the rider has a single message to transmit to the world: I won, I'm number one. The one they all dream of beating.

MARC MÁRQUEZ
nato per vincere - born to wi

È l'infanzia di un campione: le prime interviste con il popolare giornalista spagnolo Mela Chércoles, il primo titolo mondiale della 125 nel 2010 con la Derbi del team Ajo e la rassicurante presenza di Emilio Alzamora (a sinistra, nella foto in basso) sempre al suo fianco, fin dall'esordio.

The infancy of a champion: the fist interviews with the popular Spanish journalist Mela Chécoles, the first World Championship title in 125 in 2010 the Ajo team's Derbi and the reassuring presence of Emilio Alzamora (left, in the bottom photo) always at his side, right from the outset.

Trionfi e lavoro. Il pilota esulta e si esalta ma deve saper anche lavorare sodo. Sotto, un giovanissimo Márquez spiega al tecnico italiano Cordioli il modo in cui il motore della sua KTM risponde ai comandi. L'altro pilota che lo osserva sullo sfondo è Esteve Rabat, suo compagno di squadra nel 2008, Campione del mondo Moto2 nel 2014 e presenza fissa durante gli allenamenti di Marc.

Triumph and hard work. The rider has fun but also has to keep his nose to the grindstone. Below, a very young Márquez explains to the Italian engineer Cordioli the way in which his KTM's engine responds to the controls. The other rider observing in the background is Esteve Rabat, his teammate in 2008, Moto2 World Champion in 2014 and a constant presence during Marc's training sessions.

Non è fondamentale essere fotogenici, oppure essere in grado di "bucare il video", ma Márquez ha anche queste doti. Naturalmente molto apprezzate da sponsor e tifosi.

You don't necessarily have to be photogenic or leap off the screen, but Márquez has all this too. Naturally such qualities are much appreciated by sponsors and fans.

Champagne e numero uno. Marc è orami un idolo, la stella nascente del motociclismo spagnolo e meritatamente festeggia il successo nella stagione 2012 della Moto2 che lo vede campione. Un titolo che poteva già vincere nel 2011 se non fosse stato tradito dalla voglia di strafare e da uno sfortunato incidente in Malesia che gli ha creato problemi alla vista per qualche mese.

I

Champagne and number one. Marc was by now an idol, the rising star of Spanish motorcycling and rightly celebrates his 2012 Moto2 championship title. A title that he might have already won in 2011 had he not been betrayed by his desire to win at all costs and by an unfortunate crash in Malaysia that caused him problems with his vision for a few months.

Il ragazzino è cresciuto e nel 2013 è già pronto per la MotoGP, la top class del motociclismo. La sua fame di vittoria è fortissima e i risultati non si fanno attendere.

The kid had grown up by 2013 and was ready for MotoGP, motorcycling's blue ribbon series. He had a raging thirst for victory and results soon started coming in.

Dal debutto in MotoGp al trionfo di fine stagione non passa nemmeno un anno. Nessuno considera più Marc una promessa, ma una consacrata star della moto. I giapponesi, e non solo quelli della Honda, si innamorano di lui...

From his debut in MotoGP to his end-of-season triumph not even a year passed. Nobody thought of Marc as a promise any longer, but as a confirmed star. The Japanese, not only those at Honda, fell in love with him.

Uno splendido e inconsueto "scatto" di Márquez in una vecchia officina nei pressi della casa di un agricoltore in Romagna. La Repsol, sponsor di Marc fin dagli inizi, stava girando un video promozionale attorno a Misano e il pilota ha usato la rimessa per mettersi la tuta. Impossibile per il fotografo non cogliere questa immagine.

A splendid and unusual shot of Márquez in an old workshop near a farmhouse in Romagna. Repsol, Marc's sponsor from the very start, was making a promotional video around Misano and the rider used the outbuilding to change into his leathers. Impossible for the photographer not to take the shot.

Serio o irriverente, concentrato, oppure lontano anni luce da quello che sta succedendo attorno a lui? Márquez è una persona che non ha paura di mostrare il proprio volto, lo stato d'animo che sta attraversando.

Serious or irreverent, concentrated or light-years away from what's going on around him? Márquez is some one who is unafraid of showing his feeling.

Un pilota è anche un veicolo per la comunicazione di aziende e prodotti: Marc lo sa fin dagli inizi dell'attività e non si risparmia davanti all'obiettivo. Secondo i pubblicitari spagnoli (e non solo) Márquez è un testimonial perfetto.

A rider is also a vehicle for promoting companies and products: Marc has known this ever since he started racing and never holds back in front of a lens. According to the Spanish ad-men (and others), Marc is the perfect endorser.

41

43

Il contatto è fondamentale per un pilota. Quello con l'asfalto, il palcoscenico sul quale si esibisce, quello con la ghiaia della via di fuga, forse il contatto meno desiderato, che sancisce la fine della corsa e quello, liberatorio, dopo un successo, con qualcuno di fiducia che lavora tutto l'anno al suo fianco.

Contact is fundamental for a rider. contact with the asphalt, the stage on which he performs, contact with the gravel of the escape roads, perhaps the least popular contact, which marks the end of the race and the explosive contact after a victory with the trusted people who work throughout the season alongside him.

I rivali

The rivals

Un campione è grande per come guida e per le sue vittorie, ma arrivare davanti non è una passeggiata: ci sono anche gli altri. E spesso la grandezza di un pilota è data dagli avversari che ha battuto.

Prima di andare alla ricerca di quelli che si sono battuti con Marc nel corso della sua carriera, bisogna però fare un salto indietro nel tempo, all'infanzia del numero uno della MotoGp. Siamo in Catalunya e una giornalista di un'emittente locale è probabilmente la prima ad intervistare Marc, che ha otto anni ed è già un fenomeno delle minimoto.

Il piccolo parla dei suoi sogni, del fatto che fino a poco tempo prima pensava che la sua moto fosse arrivata come regalo natalizio. Poi l'intervistatrice scodella una domanda: a quale pilota vorresti somigliare da grande, chi è il tuo idolo? E il piccolo Marc, già dotato di uno sguardo furbissimo e con la vocina da bimbo esclama: «Dani Pedrosa».

Proprio quel Dani Pedrosa con il quale condivide il garage della Honda HRC, sonoramente battuto per due stagioni consecutive! I disegni del destino sono semplicemente incredibili...

Spostiamoci ancora nel tempo e arriviamo al 2008, la prima stagione nel Mondiale di Márquez, con la KTM 125 del team Repsol, suo sponsor fin dagli inizi dell'attività. Con lui c'è Esteve "Tito" Rabat, stella di prima grandezza della Moto2 nel 2014. Nonostante qualche stop causato

A champion is great for how he drives and for his victories, but getting to the front is no stroll in the park: there are others to contend with. And frequently, the true greatness of a rider can be measured by the adversaries he has beaten.

Before going in search of those who have raced against Marc during the course of his career, we need to go back in time, back to the childhood of MotoGP's current number one. We're in Catalonia where a journalist from a local broadcaster was probably the first to interview Marc who, at eight years of age, was already a mini bike phenomenon. The kid talked about his dreams, about the fact that until recently he had though that his bike had arrived as a Christmas present. Then the interviewer threw a question out there: which rider would you like to be like when you grow up, who's your idol? And little Marc, with a cheeky grin already in place and in his kid's voice exclaimed "Dani Pedrosa!" The same Dani Pedrosa with whom he shares the Honda HRC garage and has soundly beaten for two consecutive seasons! The whims of destiny truly are remarkable...
Let's shift through time again and go to 2008, Márquez's first season in the World Championship, with the KTM 125 of team Repsol, his sponsor from the outset of his career. Alongside him was Esteve "Tito" Rabat, a star of the first magnitude in Moto2 in 2014. In spite of a few interruptions caused by injuries, Marc conquered his first ever podium and finished ahead of Rabat in the final standings. The World

Per un pilota come Márquez, i rivali hanno soprattutto le sembianze di un branco che lo insegue quando cerca di andarsene verso il traguardo. E questo è successo fin dalle prime gare in 125.

For a rider like Márquez, his rivals resemble nothing more than a gang trailing in his wake as he heads for the finish line. This has been true ever since his first races in 125.

da infortuni, Marc conquista il primo podio in carriera e arriva davanti a Rabat nella classifica finale. In compenso il Mondiale lo vince Mike Di Meglio (oggi uno di quelli che chiude la classifica in MotoGp) e Marc arriva dietro a Stefan Bradl, Pol Espargaro, Andrea Iannone e Scott Redding, suoi attuali rivali nella top class.

Nel 2009 è ancora con la KTM e ha l'obbligo di stare davanti allo statunitense Cameron Beaubier, suo compagno di squadra. Ci riesce facilmente, ma la sua stagione fa dire ai commentatori che Marc è velocissimo, ma anche troppo aggressivo. Non ci sta a perdere, anche se è praticamente un nuovo arrivato e si prende molti rischi. Lo dicono in molti che il ragazzo ha un aspetto che può portarlo in alto, ma anche molto in basso: l'impazienza, l'attacco ad ogni costo.

Belle parole, ragionamenti interessanti, ma nel 2010 ci pensa Marc a far pendere la bilancia dalla parte giusta: è uno che rischia, ma è un vincente. Con la Derbi del team Red Bull Ajo stravince il titolo, lottando con Nico Terol e con un altro ragazzino terribile, Pol Espargaro. Forse è proprio Pol il primo dei suoi rivali storici ed è anche l'unico che interpreta le gare con lo stile di Márquez, ovvero attaccando sempre e cercando di andare sempre più veloce. In quei tempi nessuno lo ha ancora scoperto, ma la MotoGP di oggi è figlia di quei piloti dell'ultima generazione che hanno nella tattica il punto debole, ma nell'aggressività l'arma vincente.

Nel 2011, quando arriva in Moto2, tutti scommettono che la sua sarà una stagione esplosiva. Non è più un bambino prodigio, Marc è diventato già una piccola star, uno che non ha paura di nulla e di nessuno. Ma è proprio in questo anno che si concretizza ciò che i pessimisti avevano intuito. Márquez perde il titolo, battuto da Stefan Bradl. Sembra incredibile, ma il bavarese, che punta

Championship was instead won by Mike Di Meglio (today one of the backmarkers in the MotoGP championship), with Marc finishing behind Stefan Bradl, Pol Espargaro, Andrea Iannone and Scott Redding, his current rivals in the top class.

In 2009, he was still with KTM and was obliged to keep ahead of the American Cameron Beaubier, his teammate. In this he succeeded easily enough, but his season led the commentators to say that Marc was very fast but too aggressive. He couldn't take losing, even though he was virtually a novice and he was taking too many risks. There were many who said that the boy had something that could equally take him to the heights or the depths: a degree of impatience, an urge to attack at all costs.

Fine words, interesting analyses, but in 2010 it was Marc himself who set things right: he was one who took risks, but also a winner. With the Derbi entered by Red Bull Ajo, he scorched to the title, beating Nico Terol and another enfant terrible, Pol Espargaro. It was perhaps Pol who became the fist of his great rivals and the only rider to race in the same way as Márquez, always attacking and always trying to go ever faster. At that time no one suspected it, but the MotoGP of today is the progeny of those riders of the latest generation whose weakness lies in tactics, but whose great strength is their aggression.

In 2011, when Márquez arrived in Moto2, everyone was ready to bet on an explosive season. No longer a prodigy, Marc was already a minor star, afraid of nothing and no one. However, it was in this season that what the pessimists had intuited came to the fore. Márquez lost the title, beaten by Stefan Bradl. As incredible as it might seem, the Bavarian, who focused on consistency and the qualities of his Kalex, managed to get the better of the Spanish star who raced with a personal team, a cutting-edge Suter and a major sponsor in the form of the Caixa de Catalunya bank.

Alla fine qualcuno deve vincere e nel 2010, al termine del Campionato mondiale della 125, è Márquez ad avere ragione alla guida di una Aprilia RSA, che, per esigenze di mercato, porta il marchio iberico della Derbi.

In the end some one has to win and in 2010, at the end of the 125 World Championship, it was Márquez who was out in front on an Aprilia RSA, which, for marketing purposes wore the Spanish Derbi badges.

MARC MÁRQUE
nato per vincere - born to

tutto sulla regolarità e le buone doti della sua Kalex, riesce ad aver ragione della star spagnola che corre con un team personale, una Suter iper aggiornata e uno sponsor importante come la banca Caixa de Catalunya. Marc chiude con zero punti le prime tre gare e inizia una rimonta furibonda. Lotta con Iannone, altro pilota spettacolare che ama "violentare" la moto, con De Angelis e Luthi, ma in questa stagione si capisce che il vero rivale di Marc è proprio lui. Marc.

A Phillip Island, al termine di un turno di prova, tampona il thailandese Ratthapark Wilairot e viene penalizzato di un minuto. Parte dal fondo della griglia e, sorpassando tutti come birilli, arriva sul podio. Gli avversari stanno per arrendersi al suo strapotere, ma in Malesia Márquez ha un brutto incidente, causato da un commissario che non gli segnala che la pista è bagnata. Marc cade rovinosamente e inizia ad avere problemi seri. La sua stagione si chiude al secondo posto nel Mondiale, senza però poter correre le ultime due gare, ma il pericolo è dentro di lui...

Marc inizia l'inverno con un problema di vista, ricordo della caduta a Sepang. Il ragazzo vede doppio e c'è chi parla di una carriera che potrebbe chiudersi. È vero, il problema è grave ma, grazie ai progressi della medicina, viene risolto con un intervento chirurgico al nervo ottico e una riabilitazione mirata. Il suo staff fatica a tenerlo fermo, perché Marc vuole salire in moto il prima possibile. Lo fa guidando moto con il manubrio alto perché la posizione rialzata gli consente di vedere normalmente. Nel 2012 Andrea Iannone e Pol Espargaro partono con in testa l'obiettivo di vincere il Mondiale della Moto2. Sono giovani, aggressivi, non si arrendono mai, e Marc non è al 100%... Almeno, così sembra.

Ma la stagione è travolgente, con Marc che stravince,

Marc was left with no points after the first three races and had to stage a furious fight-back. He battled with Iannone, another spectacular rider who loves to manhandle his bike, De Angelis and Luthi, but it was in this season that we realised that Marc's true rival is Marc himself.

At Philip Island, at the end of a practice session, he collided with the Thai rider Ratthapark Wilairot and was give a minute's penalty. He started from the back of the grid but passed his way through the field to finish on the podium. His adversaries were on the point of giving way to his superiority, but in Malaysia Márquez was involved in a bad accident caused by a marshal who failed to signal a wet track. Marc fell heavily and began to suffer serious problems. He ultimately finished second in the championship standings despite not being able to compete in the last two races, but the danger lurked within him...

Marc began the winter with a problem with his vision, a legacy of the Sepang crash. The kid was seeing double and there were those who suggested his career might be over. While it is true that the problem was serious, thanks to the progress of medical science, it was resolved through surgery on the optical nerve and specific rehabilitation. His staff actually had to hold back because Marc wanted to get on his bike a soon as possible. They had him riding with a high handlebar as the raised position allowed him to see normally.

In 2012, Andrea Iannone and Pol Espargaro set out with the objective of winning the Moto2 World Championship. They were young, aggressive and never gave up, and Marc was not yet 100% fit... Or so it appeared.

That season turned out to be a triumph, with Marc winning comfortably, despite gifting an occasional race to the rivals with whom he engaged with fantastic duels at the limits of his physical capabilities, but he proved to be too

Il mucchio selvaggio della Moto2 sta braccando Márquez pochi istanti dopo il via. Alle sue spalle nomi noti come quelli di Iannone, Espargaro, Luthi, Smith. Protagonisti di tanti, entusiasmanti duelli.

The wild bunch in Moto2 trailing Márquez just a few moments after the start. Behind are well-known names such as Iannone, Espargaro, Luthi and Smith. Plenty of protagonists and thrilling duels.

MARC MÁRQUE
nato per vincere - born to w

regalando qualche gara ai rivali con i quali ingaggia splendidi duelli fatti di traversi al limite dei limiti della fisica, ma il ragazzo è troppo forte e ha in testa altre cose. Più grandi. Si regala e ci regala una delle gare più spettacolari della storia, a Valencia, quando, per una penalità (e qui il suo lato oscuro si fa vedere ancora) deve partire dal fondo della griglia. Ma l'11 novembre 2012 Marc fa sognare il mondo, rimontando tutta la griglia e vincendo la gara. Ci sono immagini che fanno pensare ad un videogioco ed è vero: per Marc la realtà e il mondo digitale sono molto vicini.

Ma adesso si fa sul serio. Siamo nel 2013 e Marc, con una discussa variazione al Regolamento che gli imporrebbe di iniziare con un team satellite la carriera in MotoGp, è in sella alla Honda ufficiale. Al suo fianco Dani Pedrosa, in griglia con lui Valentino Rossi, il campione al quale da bambino chiese l'autografo su un modellino di moto, e Jorge Lorenzo. Manca all'appello il pilota che, forse, avrebbe potuto metterlo in difficoltà, Casey Stoner, ma l'australiano è uscito dal gruppo ed è andato, come lui stesso ironicamente segnala, "a pescare". Forse Casey non avrebbe subito il fascino di Marc e avrebbe combattuto con durezza e velocità, le sue armi preferite, ma nella top class non c'è tempo per i ricordi, bisogna sempre guardare avanti. E nella storia, quella scritta, c'è il titolo mondiale all'esordio di Márquez. Forse l'impresa è stata più grande di quel che si pensa perché il ragazzo, ora star, ha battuto i più forti piloti di questa epoca. Valentino Rossi, al ritorno con la Yamaha dopo due anni bui di Ducati, ha carisma ed esperienza, Dani Pedrosa conosce la Honda come il tinello di casa, ma è Jorge Lorenzo il suo avversario più tosto. Lo spagnolo non vuole lasciare spazio ad un connazionale emergente come Marc, e poi Jorge è un'anomalia nel sistema-Spagna.

strong and other things to think about. Bigger things. He treated himself and treated us to one of the most spectacular races in motorsport history at Valencia, where, due to a penalty (his darker side coming to the fore), he had to start from the back of grid. On the 11th of November 2012, Marc stunned the world by carving through the entire field and winning the race. There are images that recall a videogame and it has to be said, for Marc reality and the digital world are very close.

But now he had the bit between his teeth. In 2013, thanks to a controversial variation of the regulation that would have otherwise obliged him to begin his MotoGp career with a satellite team, Marc was installed aboard a works Honda. At his side was Dani Pedrosa, while sharing the grid with him were Valentino Rossi, the champion whose autograph he had asked for on a model bike, and Jorge Lorenzo. Missing from the line-up was the rider who would perhaps have been able to give him food for thought, Casey Stoner, but the Australian had left the circus, as he ironically put it, to "go fishing". Casey would perhaps not have been dazzled by Marc and might have fought with strength and speed, his favourite weapons, but in the top class there is no time for memories, you have to look ahead. The record books in fact show that Márquez conquered his first MotoGP title in his debut season. The feat was perhaps all the greater because that young kid, now a star, beat the greatest riders of the era. Valentino Rossi, on his return to Yamaha after two dismal years with Ducati had charisma and experience, Dani Pedrosa knew the Honda like the back of his hand, but his toughest rival was Jorge Lorenzo. The Spaniard was unwilling to make room for an emerging fellow countryman like Marc and Jorge is something of an anomaly in the Spanish system. He is not a crowd favourite, he was

Incredibili incroci di traiettorie tra le moto di Pedrosa, al comando, Lorenzo e Márquez che insegue. Al termine degli scarichi della sua Honda RC213V si notano le grate che impediscono ad eventuali corpi estranei di entrare nel motore in caso di caduta.

Incredible interweaving trajectories of the bikes of Pedrosa, leading, Lorenzo and Márquez. At the rear of the exhausts of his Honda RC213V you can see the grilles preventing any foreign bodies entering the engine in case of a crash.

MARC MÁRQUEZ
nato per vincere - born to wi

Non è amato dal pubblico, è nato a Maiorca, quindi non è catalano purosangue, ed è lontano dalle lobby che si spartiscono buona parte del potere. Quella di Alberto Puig, ex pilota legatissimo all'HRC e manager personale di Pedrosa, e quella di Emilio Alzamora, l'uomo di fiducia e l'inventore del fenomeno Márquez. Lorenzo da vita alla più bella stagione da quando corre. Usa tutte le armi di cui dispone, soprattutto la pulizia di guida e la capacità di andare forte da subito. Marc un po' lo subisce, molto più di Pedrosa (che però gli porta via molti punti in classifica) e rischia a fine stagione dopo l'incredibile errore dell'Australia, quando il suo team non lo fa tornare in tempo per cambiare moto, con la conseguente squalifica. Con Valentino Rossi è un'altra storia. I due si stanno simpatici e non hanno vecchie ruggini. Uno è un mito con nove titoli in tasca, una serie di attività collaterali nel management che comprendono anche la realizzazione di abbigliamento e gadget. E Márquez è un cliente della VR46 che gli confeziona cappellini e magliette! Rossi non è al massimo e Márquez è più veloce di lui. Saggiamente Valentino aspetta che le cose migliorino, in attesa di tentare il colpo gobbo in futuro. Lorenzo e Pedrosa escono dall'incontro con Márquez sulle piste di tutto il mondo con due destini. Lorenzo arriva a fine 2013 letteralmente prosciugato dallo sforzo e inizia il 2014 fuori condizione, confermando quello che diceva il grande Muhammed Alì: «Quando si attinge alle risorse del futuro, dopo si pagano le conseguenze». Ma Jorge sogna ancora di battere Marc e sta pianificando un 2015 all'attacco. Dani Pedrosa, invece, si è subito rassegnato al ruolo di seconda guida. Troppo forte quel ragazzino che ha nel garage. Troppo tosto quel bambino che sognava di diventare come lui.

born in Majorca rather than being a thoroughbred Catalan and he has little contact with the lobbies that share much of the power. That of Alberto Puig, an ex-rider very close to HRC and Pedrosa's personal manager and that of Emilio Alzamora, the right-hand man and inventor of the Márquez phenomenon. Lorenzo contributed to the greatest season since he started racing. He used all the arms at his disposal, above a clean riding style and instant speed. To some extent Marc suffered from his attacks, much more than from those of Pedrosa (who nonetheless deprived him of many championship points) and risked everything at the end of the season with the incredible error in Australia when his team failed to recall him in time to change his bike and he was consequently disqualified.
With Valentino Rossi it was a different matter. The two were friendly and had no old itches to scratch. One was a legend with nine titles to his name and a series of business side-lines that includes the production of clothing and gadgets. And Márquez is actually a client of VR46 which makes caps and T-shirts for him! Rossi was not at the top of his game and Márquez proved to be the faster. Wisely, Valentino waited for better times, ready to try his luck in the future. Lorenzo and Pedrosa emerged from their encounter with Márquez on tracks throughout the world with two different destinies. By the end of 2013 Lorenzo was drained by his efforts and went into the 2014 season out of form, confirming what the great Muhammed Ali has said: "When you draw on future resources, you pay the price later". But Jorge still dreams of beating Marc and is planning a 2015 on the front foot. Dani Pedrosa, instead, immediately resigned himself to a role as second rider. That kid sharing his garage is just too good. Too tough that boy who once dreamt of becoming like him.

Fin dal debutto in MotoGp, Márquez ha avuto l'onore di star davanti a piloti molto quotati. In questo caso Marc è inseguito da Rossi, Bautista e Pedrosa.

Since his debut in MotoGP, Márquez has the honour of leading many great riders. In this case Marc is being followed by Rossi, Bautista and Pedrosa.

MARC MÁRQUEZ
nato per vincere - born to wi

Incontri pericolosi in pista ai tempi della 125. A sinistra Márquez alle prese con Joan Olivé che gli è caduto davanti. Non riesce ad evitarlo e la caduta è doppia.
A destra, Marc "se la vede" con Pol Espargaro che vola letteralmente come un ninja davanti alla sua moto. Come sarà andata a finire?

Dangerous encounters on track during the 125 years. Left, Márquez getting trying to miss Joan Olivé who crashed in front of him. He was unable to miss him and the crash was a double. Right, Marc "at close quarters" with Pol Espargaro who literally flies like a ninja in front of his bike. How did it end?

In sella alla Moto2 Márquez diventa un top rider, uno che vince, nonostante i duelli serrati. In alto è inseguito da Alex De Angelis mentre a destra offre un saggio delle traiettorie "creative" che ogni tanto lo spagnolo si concede.

Aboard the Moto2, Márquez became a top rider, a winner of numerous closely fought duels. Top, here he is followed by Alex De Angelis while on the right he is offering a taster of the "creative" trajectories he occasionally allows himself.

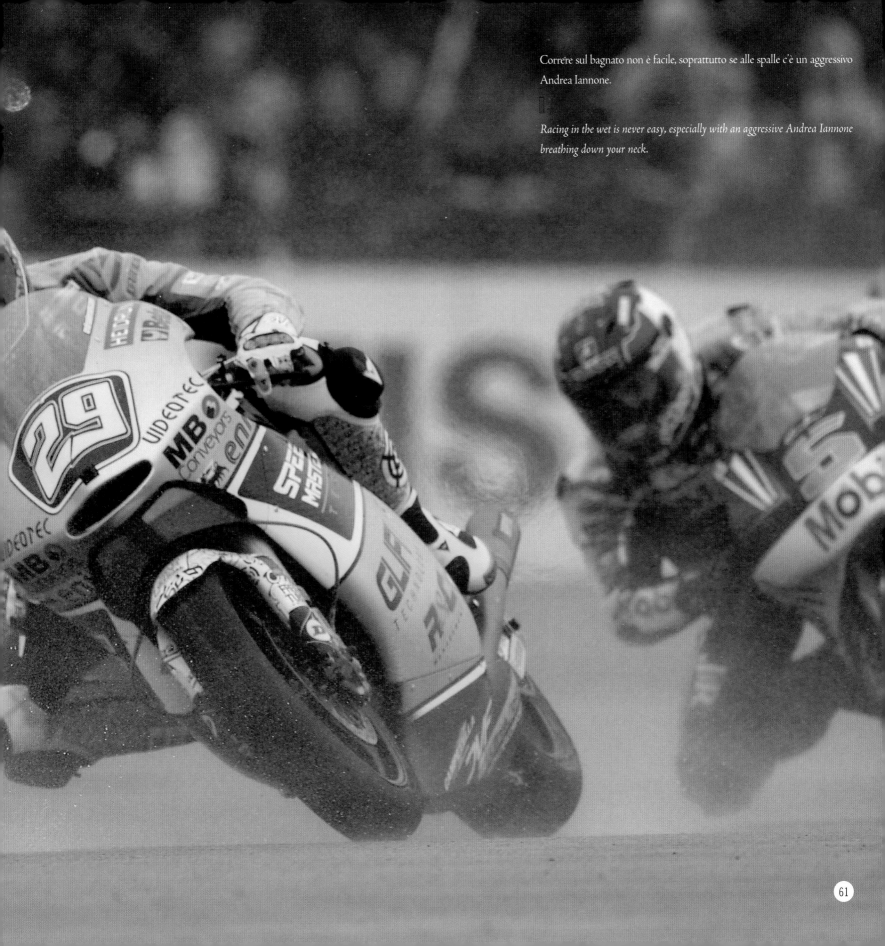

Corrère sul bagnato non è facile, soprattutto se alle spalle c'è un aggressivo Andrea Iannone.

Racing in the wet is never easy, especially with an aggressive Andrea Iannone breathing down your neck.

Angelico ma anche diabolico, Márquez è un pilota che azzarda spesso manovre molto aggressive e ai limiti del regolamento. Qui entra piuttosto deciso su Jorge Lorenzo a Jerez nel 2013. Lo spagnolo della Yamaha non gradirà molto questo sorpasso.

Angelic yet also diabolic, Márquez is a rider who frequently attempts very aggressive manoeuvres on the limits of legality. Here he's going very hard on Jorge Lorenzo at Jerez in 2013. The Spanish Yamaha rider was not to thrilled about this overtaking manoeuvre.

Probabilmente uno dei sorpassi più aggressivi e rischiosi della storia della MotoGP. Siamo a Laguna Seca, nel 2013, e Márquez infila Valentino Rossi passando clamorosamente all'interno del cordolo. Siamo al Cavatappi, la curva più famosa e difficile della tremenda pista californiana. Lo stesso punto dove Rossi infilò Stoner nel 2008.

I

Probably one of the most aggressive and risky passes in the history of MotoGP.
We're at Laguna Seca in 2013, and Márquez dramatically overtakes Rossi on the inside of the kerb. The Corkscrew, the terrible California track's most famous and most difficult corner. The same point at which Rossi passed Stoner in 2008.

Márquez contro Rossi: il vecchio contro il nuovo, ma non c'è solo questo nella sfida tra i due campioni. Rossi non si arrende e arriva a cambiare radicalmente stile di guida pur di continuare ad essere competitivo e a sfidare Marc.

Márquez against Rossi: old against new, but there is more to this duel between champions. Rossi refuses to surrender and even radically changes his riding style to stay competitive and challenge Marc.

67

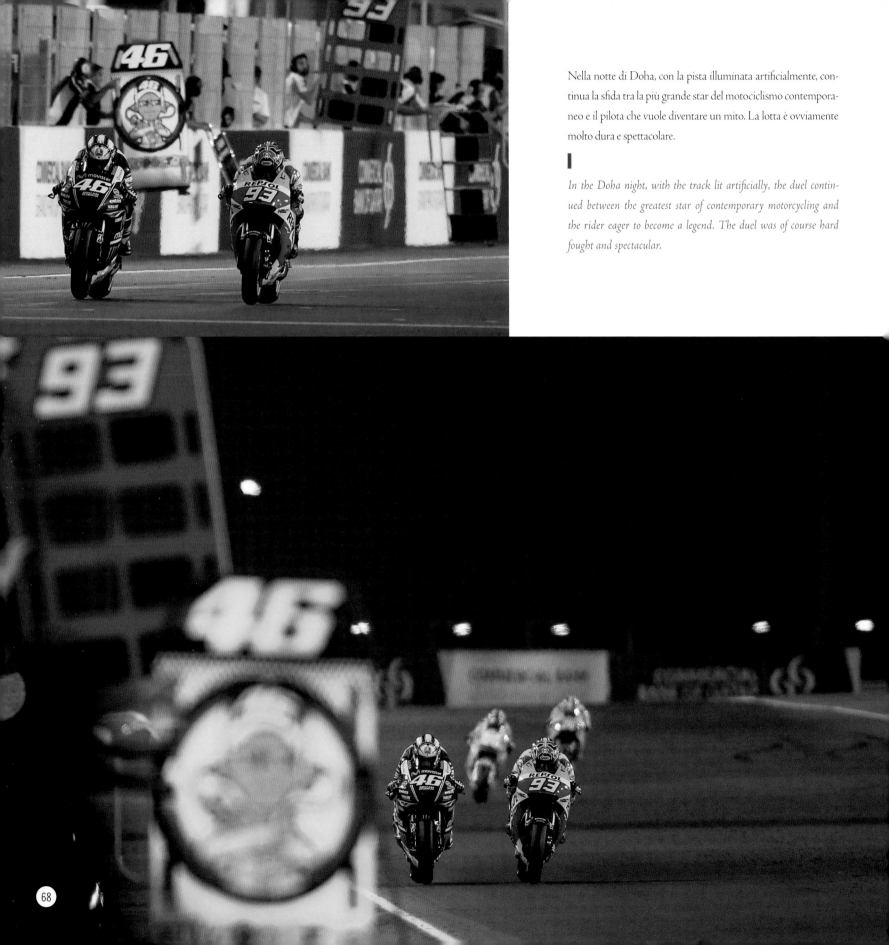

Nella notte di Doha, con la pista illuminata artificialmente, continua la sfida tra la più grande star del motociclismo contemporaneo e il pilota che vuole diventare un mito. La lotta è ovviamente molto dura e spettacolare.

In the Doha night, with the track lit artificially, the duel continued between the greatest star of contemporary motorcycling and the rider eager to become a legend. The duel was of course hard fought and spectacular.

Ci può essere amicizia tra due che lottano per vincere? Difficilmente due top rider possono avere rapporti amichevoli fra di loro, ma tra Márquez e Rossi c'è rispetto, competizione e un pizzico di simpatia.

Can there be friendship between two riders racing to win? It is difficult for two top riders to be friends, but there is respect, rivalry and a pinch of simpatia between the two.

La lotta tra Rossi e Márquez presenta aspetti interessanti.
Ad esempio lo spagnolo, fin da piccolo, segue Rossi in TV, quindi ha
visto tutte le gare del rivale! Adesso lo studia direttamente in pista…

*The fight between Rossi and Márquez has interesting aspects.
For example, the Spaniard has been watching Rossi in TV since he
was a kid and has therefore seen all his rival's races! Now he studies
him directly on track…*

Non ci sono solo le Yamaha a dar fastidio a Márquez: la Ducati, soprattutto con Andrea Dovizioso, ogni tanto si confronta con la moto giapponese. E l'evento merita di essere ricordato, magari con un *selfie* sul podio, a destra.

I

It was not only the Yamahas that were bothering Márquez: the Ducati, above all with Andrea Dovizioso, would every so often measure itself the Japanese bike. And the event was worth remembering, perhaps with a selfie on the podium, right.

Tra i tanti duelli della MotoGP, quello tra Márquez e Lorenzo è uno dei più interessanti. I due hanno stili di guida radicalmente diversi: Lorenzo ha la precisione chirurgica dalla sua, mentre Marc preferisce attaccare con grinta, anche a prezzo di qualche errore.

Among the many duels in MotoGP, the one between Márquez and Lorenzo is without doubt one of the most interesting. The two have radically different riding styles: Lorenzo has a surgical precision, while Marc prefers to attack hard, even at the price of occasional errors.

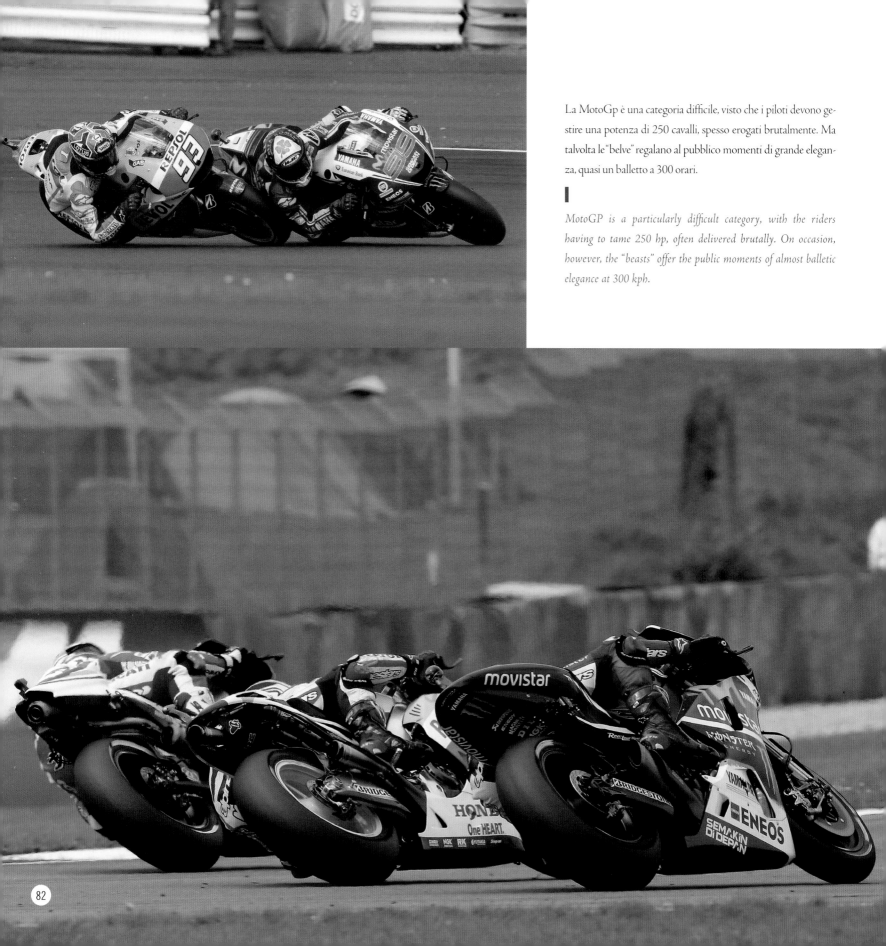

La MotoGp è una categoria difficile, visto che i piloti devono gestire una potenza di 250 cavalli, spesso erogati brutalmente. Ma talvolta le "belve" regalano al pubblico momenti di grande eleganza, quasi un balletto a 300 orari.

MotoGP is a particularly difficult category, with the riders having to tame 250 hp, often delivered brutally. On occasion, however, the "beasts" offer the public moments of almost balletic elegance at 300 kph.

Dani Pedrosa è da anni in sella alla Honda ufficiale. Un vero simbolo del motociclismo spagnolo, molto amato dal pubblico. Ma la sua carriera è cambiata con l'arrivo di Márquez. Adesso Dani è la seconda guida e ha, nel box a fianco, un "mostro" molto difficile da battere.

I

Dani Pedrosa has been riding a works Honda for years. A true symbol of Spanish motorcycling, beloved of the public. However, his career has changed since the arrival of Márquez. Dani is now the second rider and alongside him in the pits is a "monster" that is very difficult to beat.

Il sistema Márquez
The Márquez system

Un fenomeno come quello di Márquez poteva uscire solo dalla Spagna; analogamente possiamo dire che uno come Valentino Rossi poteva essere solo italiano, perché l'Italia che ha visto i primi passi agonistici del nove volte Campione del mondo era un paese in cui c'era un Campionato, Sport Production, che vedeva al via di ogni gara centinaia di piloti. In pratica, lavorando molto seriamente su giovani e sull'indotto, la Spagna ci ha spodestato nel ruolo di "grande potenza" del motociclismo.

I campioni vengono fuori in due modi: o sono talenti naturali, che emergono indipendentemente dalle condizioni del luogo dal quale vengono fuori, oppure si nutrono di un substrato molto fertile. E, come capitò nei primi anni di carriera di Valentino Rossi, anche Márquez è riuscito ad emergere grazie alla combinazione di questi due fattori.

La Spagna è da tempo la terra promessa del motociclismo, nonostante non sia un paese ricco e non abbia grandi industrie motociclistiche nazionali (Bultaco, Montesa e Ossa sono realtà davvero piccole rispetto a quelle italiane). Però ha saputo credere alle potenzialità di uno sport che l'ha fatta grande, investendo sugli uomini (piloti, tecnici e manager) e costruendo circuiti permanenti quasi ovunque. Forse il "la" è partito dalla figura, simbolica ma pur sempre potente, dell'ex Re Juan

A phenomenon like Márquez could only come out of Spain; similarly it can be said that a rider like Valentino Rossi could only be Italian, because the Italy that produced the nine-time World Champion was a country in which there was a championship, the Sport Production series, that saw hundreds of riders at the start of every race. In effect, by focusing on young riders and satellite activities, Spain usurped Italy's role as a "great power" of motorcycle racing.

Champions emerge in two ways: either they are natural talents who come to the fore independently of their location or they are nurtured by a very fertile substratum. As was the case in the early years of Valentino Rossi's career, Márquez too managed to emerge thanks to the combination of the two factors.

Spain had for some time been the promised land of motorcycling, despite not being a rich country and not having major national bike manufacturers (Bultaco, Montesa and Ossa are actually very small firms compared with the Italians). However, it has shown belief in the potential of a sport, investing in men (riders, engineers and managers) and constructing permanent circuits almost all over the country. The initiative was perhaps prompted by the symbolic yet still powerful figure of the former King Juan Carlos Primero de Borbon. A monarch who was a great

La figura più importante nella vita sportiva di Marc è senza dubbio il padre, Juliá che, assieme alla madre, Roser Alentà, ha sempre seguito con costanza ma senza invadenza la carriera del figlio.

The most important figure in Marc's sporting career has without doubt been his father, Juliá who, together with his mother, Roser Alentà, has been a constant but never invasive presence for his son.

Carlos Primero di Borbone. Un monarca appassionato di due ruote e amico della leggenda vivente della moto spagnola, Angel Nieto, 13 titoli mondiali nelle piccole cilindrate, autentico idolo che ha appassionato la gente, dalla Catalunya all'Andalusia. Il vero salto di qualità è avvenuto negli anni Ottanta e Novanta quando le grande aziende iberiche (tabacco e petrolio, ad esempio) hanno iniziato ad investire massicciamente sulla moto. Naturalmente non bisogna dimenticare il ruolo della Dorna, il promoter del Motomondiale, spagnolo e ben felice di aver fatto emergere talenti come Pedrosa, Lorenzo e Márquez che hanno contribuito a far diventare il Motomondiale uno spettacolo professionalmente organizzato per una grande platea di telespettatori.

È però semplicistico affermare che questo sistema targato Spagna abbia favorito Márquez e lo abbia fatto diventare grande. Certo, lo ha aiutato e non poco, ma lo ha fatto da quando Marc è arrivato nel grande giro. Prima il ragazzo ha dovuto sudarsela, eccome. Perché ad una gara di minimoto o alla partenza di uno dei tanti trofei in pista destinati ai giovanissimi, in Spagna sono in tanti al via, quindi la concorrenza è a dir poco spietata.

Nella storia di Marc Márquez c'è un'altra grande verità del motociclismo: non è quasi mai uno sport per chi vive in città. Marc è nato e vive a Cervera, un piccolo centro della Catalunya. Al suo fianco un gruppo forte e immutabile: il padre Julià che lo segue a tutte le gare, standosene nel box, cercando di trattenere la tensione, il fratello Alex uno dei migliori talenti emergenti spagnoli, uno che non ha paura di misurarsi con la fama e la classe di Marc. Alex che porta in famiglia alla fine del

motorcycling enthusiast and friend of the living legend of Spanish motorcycling, Angel Nieto, 13 world titles in the smaller categories, an authentic idol for fans from Catalonia to Andalucía. Real progress was made in the 1980s and 1990s when the major Iberian companies (in the tobacco and oil sectors for example) began investing massively in bikes. Naturally we should not forget the role played by Dorna, the Spanish Grand Prix motorcycle-racing promoter, naturally delighted to have brought to the fore talents such as Pedrosa, Lorenzo and Márquez who have contributed to making the World Championship a professionally organized competition with a vast television audience.

It is, however, simplistic to claim that this Spanish system favoured Márquez and made him what he is. Certainly, it helped in no small measure, but by the time it did Marc was already well on his way. Before that the kid had had to work hard. In Spain, huge numbers of rider can be seen at the start of any mini-bike race or at the start of one of the many track series for the very young and the competition is ruthless to say the least. Within the Marc Márquez story there is another great motorcycling truth: it is very rarely a sport for city dwellers. Marc was born and lives in Cervera, a small town in Catalonia. At his side is a strong and unchanging group: his father Julià who accompanies him to all the races, spending his time in the pits, trying to keep a lid on the tension, his brother Alex, one of the best emerging Spanish talents with no fear of measuring himself against the fame and the class of Marc. Alex bringing the the Moto3 title into the family in 2014: the first time

Un'altra presenza fissa è il fratello Alex, più giovane di Marc, e grande promessa del Motomondiale. Per ora trionfa in Moto3, ma tra pochi anni lo troveremo sicuramente nella top class.

Another fixture is Marc's younger brother Alex, another great motorcycling promise. More the moment he has enjoying success in Moto3, but before long we'll surely be seeing him in the top class.

MARC MÁRQUEZ
nato per vincere - born to win

|

2014 anche il titolo della Moto3: mai due fratelli si erano laureati Campioni del mondo nella stessa stagione.

Un altro record del sistema Márquez... Marc e Alex, due fratelli che probabilmente presto correranno assieme in MotoGP, la stessa capitata alla famiglia Espargaro (Pol e Aleix) che si schiera al via della top class e che viene da Montmelò, località a due passi da Barcellona famosa per il suo circuito. Catalunya rules!

Ma c'è anche il "terzo fratello" del clan Márquez, Esteve Rabat detto "Tito", Campione del mondo della Moto2 e animatore del club di Rufea, una località, sempre catalana, dove i tre piloti si allenano con le moto da fuoristrada in sfide continue nelle quali ci si abitua a lottare sempre, a non mollare mai. In questo Márquez somiglia moltissimo a Rossi (e poco a Lorenzo): gruppo stabile, un posto dove divertirsi in moto, spinto sempre dalla competizione e dalla voglia di non perdere mai una sfida, nemmeno quella di pochi giri tra amici con il motard. Il pilota moderno è fatto così: molto gruppo, molta moto, preparazione e concentrazione. A Marc piacciono molto le ragazze, lo si vedeva da come guardava delle chilometriche e prosperose ombrelline quando era un ragazzino in 125. Arrivava solo all'altezza delle spalle delle ragazze, ma le guardava già sfoggiando le sue armi migliori: il sorriso da Joker e gli occhi fiammeggianti. Adesso è ovviamente uno dei più ricercati "buoni partiti" di Spagna, ma non molla, non si da alla bella vita, continua ad abitare a Cervera, a mangiare quello che cucina la mamma e ad allenarsi. Non c'è bisogno di spiegargli nulla: Marc è uno sportivo moderno, abituato a gestirsi professionalmente fin dall'infanzia.

two brothers win World Championship titles in the same season. Another record for the Márquez system… Marc and Alex, two brothers who will probably soon be racing together in MotoGP, just like Pol and Aleix Espargaro who race in the top division and come from Montmelò, a stone's throw from Barcelona and famous for its racing circuit. Catalonia rules!

And then there is the "third brother" of the Márquez clan, Esteve Rabat, known as "Tito", a Moto2 World Champion and host of club in Rufea, another Catalan town where the three riders train with their off-road bikes in continuous challenges in which they are accustomed to fight and never give up. In all this Márquez closely resembles Rossi (rather than Lorenzo): a stable group, a place to have fun on bikes with a continual competitive urge and the determination never to lose a race, not even those of a few laps between friends on motards. This is the modern rider: all togetherness, bikes, preparation and concentration. Marc likes girls. A lot. You could see how he would look at the stunning umbrella girls when he was a kid in the 125 class. He'd only reach the girl's shoulders but he would look at them and unleash his twin weapons: that Joker-like smile and his blazing eyes. Now he is clearly one of Spain's most sought-after and favourite sons, but he doesn't let it turn his head, still lives in Cervera, eats what mamma cooks and trains. There's no need to explain anything to him: Marc is a modern sportsman, accustomed to handling himself professionally from infancy.

There are a number of figures who follow Márquez during the season: Shuhei Nakamoto, vice president of HRC and

Forse si rischia di più dopo il traguardo... Marc viene fatto pericolosamente volare dagli uomini del suo team dopo una delle tante vittorie.

More is perhaps risked after the finish… Marc is thrown dangerously into the air by the men of his team after one of the many victories.

MARC MÁRQUEZ
nato per vincere - born to wi

Sono diverse le figure che seguono Márquez durante la stagione: Shuhei Nakamoto, vice presidente dell'HRC e plenipotenziario Honda, Livio Suppo, team principal e uomo abituato ai successi dopo il clamoroso titolo mondiale con Stoner e la Ducati nel 2007 e Emilio Alzamora, suo manager personale e antitesi sportiva di Marc. Emilio è stato pilota e anche Campione del mondo, nel 1999 con la Honda 125, al termine di una stagione che lo ha visto prevalere di un punto su Marco Melandri e senza nemmeno una vittoria! Forse non era un campione, ma nella gestione dei piloti è un grande e gestisce Marc fin dagli esordi, stessa cosa con il fratello Aleix. È un gestore di rapporti: tra piloti e squadra, tra sponsor e media, tra pubblico e televisione. Un uomo che è diventato potente e al quale tutti sognano di affidare un giovane pilota. Non bisogna dimenticare le persone che contribuiscono al sistema: i medici, i fisioterapisti, Hector Martin che gestisce la sempre più complessa rete di rapporti con la stampa e le tv, la gente dell'hospitality e, soprattutto, la sua squadra che si è portato dietro dai tempi della Moto2. Il pilota è solo con se stesso esclusivamente quando guida; nei momenti in cui decide se una curva si può prendere a 180 orari o a 181, se la traiettoria giusta è quella, oppure se bisogna mettere la ruota più all'interno. Ma quando non corre, il pilota gioca in una squadra dove ognuno ha il proprio ruolo e svolge un lavoro del quale gli altri si debbono fidare ciecamente. Il motociclismo sembra uno sport individuale, ma è in realtà un gioco di squadra in cui lo sforzo di mesi viene bruciato nei pochi chilometri di una gara. Uno sport che ha bisogno di tante cose per funzionare: soldi, campioni, circostanze favorevoli. Qualche volta anche di un re appassionato di moto.

Honda plenipotentiary, Livio Suppo, team principal and a man accustomed to success after the clamorous World Championship title with Stoner and the Ducati in 2007 and Emilio Alzamora, his personal manager and sporting antithesis of Marc. Emilio was a rider and also a World Champion in 1999 with the Honda 125 at the end of a season that saw him prevail over Marco Melandri by a single point and without scoring even a single victory. Perhaps he wasn't the greatest ever rider, but he certainly has the necessary management skills and has been handling Marc since his debut and does the same with Alex. He's a manager of relationships: between riders and teams, between sponsors and the media, between public and television. A man who has become powerful and to whom everyone dreams of entrusting a young rider. We should not forget the people who contribute to the system: the doctors and the physios, Hector Martin who handles the increasingly complicated network of relationships with the press and TV, the hospitality staff and, above all, the team that has been with him since the Moto2 seasons. The rider is only ever alone when he's on his bike; it its then that he decides if he can corner at 180 kph or 181, whether the trajectory is right or if the wheel needs to be closer to the inside. But when he is not racing, the rider is part of a team in which everyone plays a specific role and does a job in which the others have to place the full trust. Motorcycling might appear to be an individual sport, but in reality it is a question of teamwork in which the efforts of months might be thrown away in a few kilometres of a race. A sport that needs many things to work properly: money, great riders and favourable circumstances. And on occasion a king enthusiastic about bikes.

Giapponesi, spagnoli, italiani, nel team di Marc ci sono uomini di tutte le nazionalità, ma tutti molto attenti alle indicazioni del loro "frontman".

Japanese, Spaniards, Italians, there are men of all nationalities in Marc's team, all of whom are very attentive to the needs of their "frontman".

MARC MÁRQUE
nato per vincere - born to w

In queste pagine c'è molto di Márquez: il fratello, il numero 93 e il numero 1, il suo casco con gli sponsor. In ogni scatto si nota il perfezionismo e l'amore per i dettagli che Marc mette in ogni cosa che fa o che lo rappresenta.

I

There's a lot of Márquez on this page: the brother, number 93, and the number 1, his helmet with the sponsors. In every shot you can see the perfectionism and the love of details that Marc brings to everything he does or represents.

Oltre ad essere il top rider che esalta il lavoro della sua squadra, Marc è un ragazzo molto amato dal pubblico, con il quale ha un buonissimo rapporto.

As well as being a top rider who exalts the work done by his team, Marc is a hugely popular with the public, with which he enjoys a fantastic relationship.

Lo staff di Márquez esulta dopo la vittoria numero 7 nella stagione 2014, quella dei 10 successi consecutivi.

Márquez's staff celebrate after victory number seven in the 2014 season, the one of the 10 consecutive wins.

E dopo l'8, arriva anche il 9... La concorrenza sembra essersi sciolta come neve al sole e Marc veleggia verso nuovi record.

After number eight followed number nine... The rivals seem to have melted away like snow in the sun and Marc is on his way towards new records.

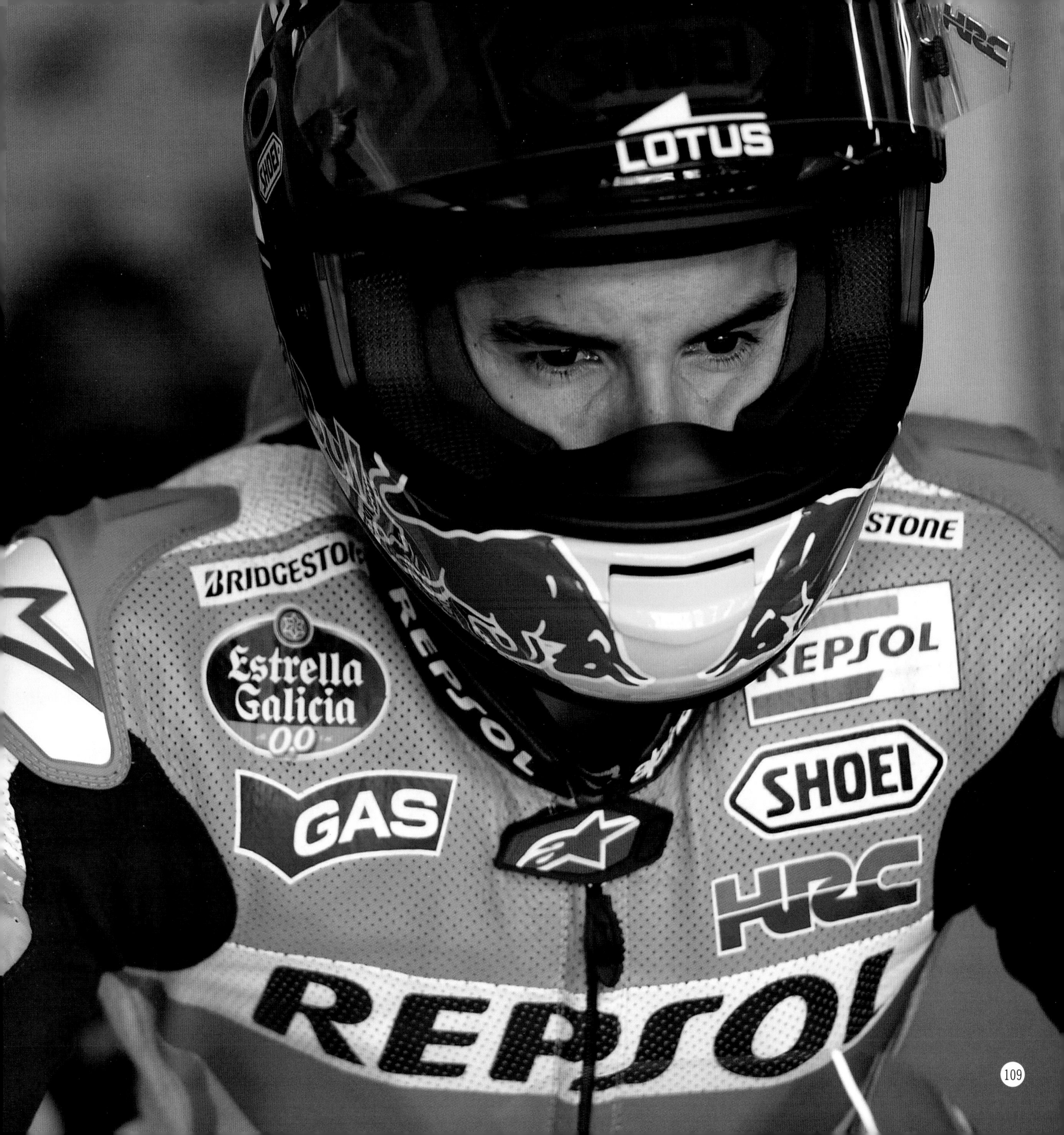
LOTUS
Estrella
Galicia
REPSOL
GAS
SHOEI
HRC
REPSOL

Uno degli uomini importanti nella carriera di Marc è Shuhei Nakamoto, vicepresidente esecutivo dell'HRC (Honda Racing Corporation), che lo ha voluto subito nella squadra ufficiale fin dal debutto e che, ovviamente, stravede per il suo velocissimo pilota.

One of the most important men in Marc's career has been Shuhei Nakamoto, executive vice president of HRC (Hondas Racing Corporation), who insisted on bring him into the works team right from his debut and who, naturally, dotes on his ultra-quick rider.

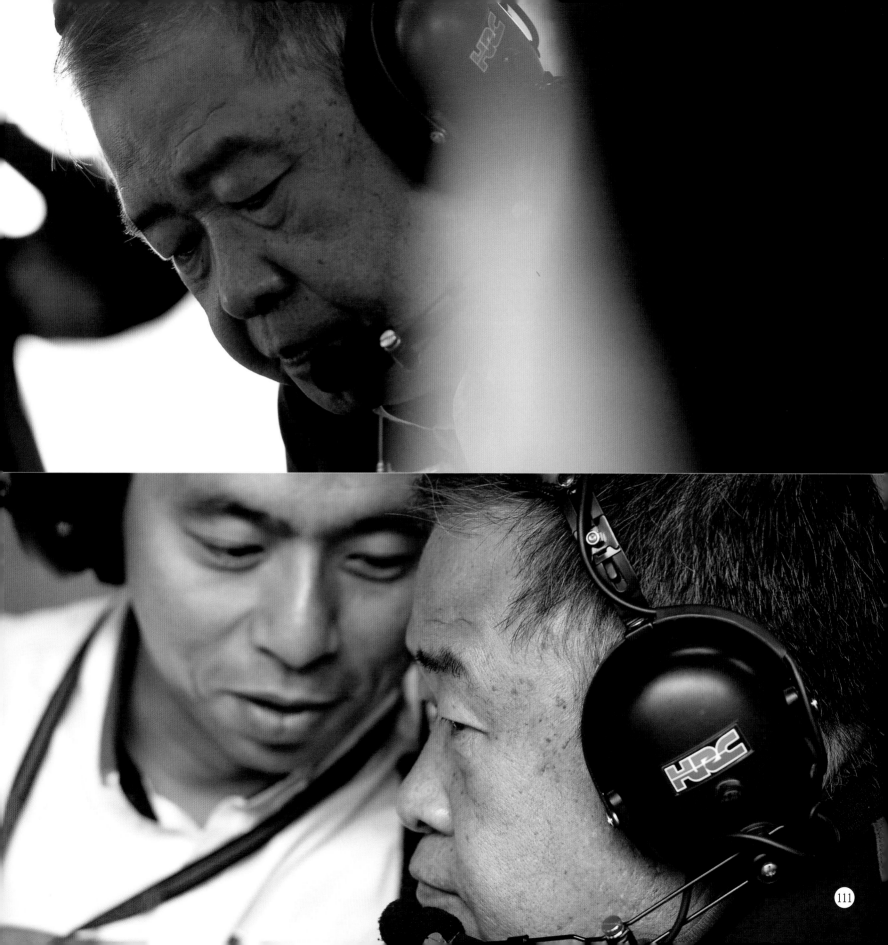

Effetto sorpresa
The element of surprise

A fine 2012 Marc è il Campione del mondo della Moto2, ma ha già attirato l'attenzione di tutti, non solo perché è veloce e vincente.

In molti capiscono che quello che impressiona in lui è la progressione mostruosa con la quale un ragazzino spagnolo è diventato un top rider.

In tre anni di Moto3 (2008, 2009 e 2010) ha vinto 10 gare (22% di successi in 46 partenze), con 14 podi (30%), altrettante pole e 4 terzi posti. C'è chi ha fatto meglio in carriera, ma impressiona il fatto che Marc non è mai arrivato secondo: vincere o cadere sembra il suo motto. In Moto2 corre nel 2011 e nel 2012, vincendo un Mondiale, 16 Gp in 32 gare (il 50%) e conquistando la bellezza di 25 podi (78%). Scopre persino la gioia del secondo posto, ben 6 volte, e arriva terzo in 3 occasioni, conquistando anche 14 pole. Il suo ruolino di marcia, la sua progressione lo fanno diventare naturale sostituto di Casey Stoner sulla Honda ufficiale. Il ritiro dell'australiano obbliga la Honda a chiedere una deroga al regolamento che costringerebbe Marc a correre il suo primo anno in MotoGp con un team privato. Ma quando HRC e sponsor potenti come Repsol e Red Bull chiedono "un favore", l'organizzatore Dorna e la Federazione Internazionale non possono che rispondere con il più classico degli "obbedisco".

By the end of 2012 Marc was the Moto2 World Champion and was already attracting global attention, not just because he was fast and successful.

What many recognised was the incredible surge with which a Spanish kid had risen to the top.

In three years of Moto3 (2008, 2009 and 2010) he won 10 races (a 22% success rate in 46 starts), with 14 podiums (30%), 14 poles and 4 third places. There are those who have done better, but what is remarkable is that Marc never finished second: win or bust appeared to be his motto. He raced in Moto2 in 2011 and 2012, winning a World Championship, 16 GPs in 32 races (50% win rate) and conquering no less than 25 podiums (78%). He even discovered the joy of finishing second (six times) and third (on three occasions), while also conquering 14 poles. His pace, his rapid development made him the natural replacement for Casey Stoner aboard the works Honda. The Australian's retirement obliged Honda to ask for a waiver on the regulation that would have obliged Marc to race for a private team in his first MotoGP season. When HRC and powerful sponsors such as Repsol and Red Bull ask for "a favour", the organizer Dorna and the International Federation have little alternative but to reply "of course". Márquez soon got the measure of the Honda RC213V, going hard right from the winter tests. The critics were

Márquez ci mette poco a prendere le misure alla Honda RC213V, andando già forte fin dai test invernali.

La critica è divisa e, non certo a caso, si sente ripetere lo stesso discorso fatto una decina di anni prima, ai tempi del debutto di Valentino Rossi in 500: se non cade può fare molto bene, ma rischia troppo.

Il partito del grillo parlante, dei prudenti, dei conservatori, sembra essere il più ascoltato, ma il ragazzo spagnolo ha un approccio meno aggressivo del previsto. Ad esempio si fida ciecamente del piano di lavoro che la Honda ha preparato per lui. Gli ingegneri gli consigliano un approccio graduale per capire i tanti segreti, soprattutto elettronici, della sua moto e Marc esegue senza alzate di capo. Nel suo box c'è una squadra forte, esperta e affiatata: la stessa di Stoner, abituata fin dagli anni in Ducati a gestire un pilota veloce ma dal carattere spigoloso. Márquez, sotto questo punto di vista, è più facile da trattare ma, come l'australiano, ha la capacità di trovare rapidamente il limite.

Alla prima gara in Qatar è visto come una curiosità nella prevedibile sfida tra Pedrosa (leader nell'HRC), Lorenzo (Campione in carica) e Rossi (al ritorno in Yamaha dopo due anni difficili con la Ducati). Alla fine del Gp del Qatar la curiosità non c'è più: Marc è sul podio e ha fatto vedere di saper duellare con gente esperta come Lorenzo e Rossi. A Doha ha interpretato il ruolo del bravo soldatino: rischiando ma non troppo, conquistando un podio all'esordio e facendo capire di aver nella testa un progetto per stare con i primi.

Ma in Texas, ad Austin, seconda gara del 2013, il soldatino diventa subito generale, battendo con una gara

divided and it was no coincidence that we heard the same arguments as a decade or so earlier when Valentino Rossi made his debut in 500: if he avoids falling he'll do well, but he takes too many risks.

The majority seemed to come down on the side of the prudent, of the conservatives, but the Spanish kid took a less aggressive approach than expected. For example, he placed absolute trust in the plan that Honda had prepared for him. The engineers suggested a gradual approach to getting to know the many secrets, above all the electronics, of his bike and Marc followed their advice to the letter. There was a strong, capable and experienced team in his garage: Stoner's, accustomed from the years with Ducati to handling a fast but spiky rider. From this point of view Márquez was easier to deal with but, like the Australian, has the ability to find the limit quickly.

At the first race in Qatar he was seen as a curiosity in what was expected to be a three-way fight between Pedrosa (HRC's number 1 rider), Lorenzo (the reigning champion) and Rossi (back at Yamaha after two difficult years with Ducati). By the end of that Qatar GP Márquez was no longer a mere sideshow. He was on the podium and had demonstrated that he had the chops to duel with experts such as Lorenzo and Rossi. At Doha he played the part of the dutiful solider: taking risks, but not too many, conquering a place on the podium and revealing that he had a plan for keeping up with the leaders.

However, at Austin in Texas, in the second race of 2013, that dutiful solider became a general, beating his rivals in a devastating race. The first alarm bells began to ring: Pedrosa realised that he had a fearsome rival alongside

Prime foto ufficiali da distribuire a media e social, primi test con la moto ancora non verniciata e primi incontri con la RC213V nel box. L'avventura di Márquez nel 2013 è appena iniziata.

The first official photos to be distributed to the media and the social networks, the first tests with the bike yet to be painted and the first encounters with the RC213V in the pits. Márquez's 2013 adventure has just begun.

MARC MÁRQUEZ
nato per vincere - born to win

devastante i rivali. Suonano i primi campanelli d'allarme: Pedrosa capisce di avere in casa un rivale tremendo che impara tutto ad una velocità impensabile, Lorenzo intuisce che non c'è tempo per ragionare e bisogna attaccare sempre e comunque. Pedrosa sa bene che Marc è un personaggio speciale: è catalano come lui, amato dalla Honda e dagli sponsor e graditissimo a mezza Spagna, famiglie comprese. Non è un ribelle al "sistema" come Lorenzo e nemmeno un rivale di marca come Rossi che corre con la Yamaha. È il più scomodo compagno di squadra che si possa trovare nel box a fianco.

Allora Dani attacca e lo fa in maniera strepitosa, vincendo a Jerez e a Le Mans. Si arriva al Mugello e Márquez sembra ridimensionato: cade a 330 chilometri orari in prova, mentre in gara si deconcentra e butta via un podio che sembra facile, un pessimo week-end. A Barcellona la tendenza resta invariata: Lorenzo e Pedrosa sono più forti e Marc sembra solo uno che farà un bel Mondiale da rookie, nulla di più. Invece le cose cambiano in un attimo ad Assen, Olanda. Jorge Lorenzo cade in prova, si frattura una clavicola, torna con un volo privato a Barcellona per farsi operare e riesce a correre, seppur in condizioni molto menomate. Eppure Márquez non sfrutta il momento e si fa battere da Rossi.

Tra i due nasce una specie di amicizia in gara. Una cosa strana, quasi inedita: al vecchio leone il giovane che sta conquistando il branco è simpatico, sicuramente più di Lorenzo. Amicizia è forse una parola grossa tra due che corrono per vincere, tra due personalità molto forti, ma c'è rispetto e la consapevolezza, unita ad un fair play che non può che fare bene alla MotoGP, soprattutto da

him, one who learned at an unthinkable speed, while Lorenzo intuited that there was no time to waste and that he needed to attack constantly. Pedrosa was well aware that Marc was something special: he was Catalan like him, loved by Honda and the sponsors and half of Spain, families included. He was no rebel against the "system" like Lorenzo and nor was he a marque rival like Rossi who rode a Yamaha. He was the most awkward teammate he could possibly find alongside him in the pits.

So Dani attacked and did so majestically, winning at Jerez and Le Mans. By the time the circus reached Mugello, Márquez's bubble seemed a little deflated: he crashed at 330 kph in practice, while in the race he lost concentration and threw away a seemingly certain podium; not a good weekend. At Barcelona, this trend remained unvaried: Lorenzo and Pedrosa were faster and Marc seemed destined for a decent World Championship rookie season and nothing more. But then things changed in flash at Assen in Holland. Jorge Lorenzo fell in practice, fracturing a collarbone; he took a private plane back to Barcelona for an operation and managed to race, albeit in very precarious circumstances. And yet Márquez failed to exploit the opportunity and was beaten by Rossi. A kind of racing friendship was established between the two. It was highly unusual, almost unheard of: the up-and-coming young lion was simpatico to the old leader of the pack, certainly much more so than Lorenzo. Friendship is perhaps overstating the case as they were both racing to win and both had strong characters, but there was respect and understanding, combined with a degree of fair play that could only benefit MotoGP, espe-

Nessun timore reverenziale: Márquez, fin dalla prima gara in Qatar, ha cercato la vittoria.

No reverential fear: Márquez from the very first race in Qatar, Márquez went out to win.

MARC MÁRQUEZ
nato per vincere - born to win

un punto di vista mediatico. Valentino e Marc, del resto, sono bravissimi anche davanti alla telecamera.

La svolta della stagione è in Germania, al Sachsenring. Piove, fa freddo e, uno dopo l'altro, cadono Pedrosa e Lorenzo. Per entrambi frattura di clavicola, placche per tenere assieme le ossa rotte, rabbia per aver buttato via una stagione. Márquez annusa l'aria e piazza il colpo del KO vincendo, una dopo l'altra, le gare del Sachsenring, di Laguna Seca, di Indianapolis e di Brno. 100 punti in quattro gare, un filotto che sembra inginocchiare i rivali, ma Lorenzo e Pedrosa, pur acciaccati, tallonano Márquez. Il ragazzo si prende anche un lusso incredibile per un esordiente, infilando Rossi al Cavatappi di Laguna Seca, replicando lo stesso sorpasso che l'italiano fece a Stoner nel 2008. Con la differenza che Stoner si destabilizzò completamente, complice anche un problema fisico, mentre Rossi intuisce che Márquez non è battibile nella lotta per il titolo e, di fatto, si rassegna pensando al futuro. C'è solo uno che non si arrende, Jorge Lorenzo. Il pilota della Yamaha rischia molto, guida in maniera divina e dimostra, vincendo, che si può sperare in un miracolo.

È primo a Silverstone e a Misano, ma non può nulla contro le Honda nelle piste veloci come Aragon.

Qui succede un episodio che fa capire molte cose della moderna MotoGp: l'eccesso di aggressività di Márquez gli fa tamponare in staccata Pedrosa, tagliando il cavo di un sensore che porta il segnale proveniente dalla ruota posteriore alla centralina della RC213V del compagno di squadra. Priva di gestione elettronica, la moto di Pedrosa, appena Dani tocca il gas, scaraventa al suolo il pilota.

cially from a media point of view. Valentino and Marc, furthermore, were both great in front of a camera.

The turning point in the season came at the Sachsenring in Germany. It was cold and wet and Pedrosa and Lorenzo fell one after the other. Both suffered fractured collarbones, had plates inserted to join the broken bone and were frustrated at a wasted season. Márquez sensed that it was his moment and landed a knock out blow by winning at the Sachsenring, Laguna Seca, Indianapolis and Brno. 100 points in four races, a sequence that put his rivals on their knees, although the bruised and battered Lorenzo and Pedrosa were still close behind. Márquez even conceded himself the incredible luxury for a rookie of passing Rossi at Laguna Seca's Corkscrew, replicating the manoeuvre the Italian himself pulled on Stoner in 2008. This difference being that, due in part to a physical problem, Stoner disintegrated, while Rossi intuited that Márquez could not be beaten in the title race and effectively resigned himself to planning for the future. Only one refused to give up, Jorge Lorenzo. The Yamaha rider took enormous risks, riding brilliantly and demonstrating by winning that he could still hope for a miracle. He was first at Silverstone and again at Misano but could not compete with the Hondas on the fast tracks like Aragon. This was the setting for an episode that says a lot about modern MotoGP: an overly aggressive Márquez's rammed Pedrosa under braking, cutting the cable of carrying the signal from a sensor on the rear wheel to the CPU of his teammate's RC213V. Deprived of its electronic management systems, as soon as Dani opened the throttle his bike threw him to the ground. A nightmare situation for

MARC MÁRQUEZ
nato per vincere - born to win

È il trionfo dell'elettronica e dei piloti che si fidano ciecamente dei controlli, ma anche della guida un po' esagerata di Marc che adesso ha una confidenza totale con il mezzo, quindi usa spregiudicatamente la sua 1000 da 250 cavalli come fosse una ben più "tranquilla" Moto2. Pedrosa si lamenta, ma la Honda smorza i toni e Pedrosa capisce che dovrà fare il gregario, all'occorrenza. Capiterà in Malesia, con Dani primo che toglie cinque punti a Lorenzo. Saranno sufficienti nel pomeriggio di Valencia…

In Australia c'è già chi pensa alla festa, ma l'incredibile è dietro l'angolo. La Bridgestone sbaglia gomme e, per arrivare a fine gara senza dover stoppare tutto dopo pochi giri, bisogna cambiare la moto, come se piovesse. Marc esegue il cambio di moto con un salto felino, senza nemmeno toccare terra (manovra che inseguito verrà proibita), ma lo fa dopo il numero massimo di giri previsto. Un errore che lo fa squalificare, ridicolizzando il suo team che non ha gestito il rientro ai box. Come un falco, Lorenzo sfrutta la situazione e vince: il Mondiale è riaperto.

Lorenzo vince a Motegi e a Valencia, Márquez soffre e non poco, battuto anche nella lotta per il secondo posto da Pedrosa in vena di vendette. Ma alla fine Marc Márquez, per quattro punti, è Campione del mondo al suo primo anno in MotoGp. In una manciata di mesi è diventato il numero uno, domando il miglior Lorenzo mai visto, soffocando l'orgoglio di Pedrosa passato, da aprile a novembre, da leader della squadra a seconda guida e lasciando a Rossi pochi lampi di gloria. Il mondo si inchina a Márquez, ma quel che è più grave, nessuno sembra avere un piano per combatterlo…

the riders who have to rely on their electronic and at least in part caused by Marc over doing it now that he full confidence in his bike and could unleash its 250 hp as readily as if it were a far more docile Moto2 machine. Pedrosa complained, but Honda damped down the flames and Pedrosa realised that he would have to settle for being a good teammate at times. It happened in Malaysia, with Dani first and depriving Lorenzo of five points. They were to be enough that afternoon in Valencia…

In Australia, there were those who were already thinking about celebrating, but the incredible was just around the corner. Bridgestone got its tyres wrong and, in order to complete the race without having to stop the fun after just a few laps, the bikes had to be changed as if it were raining. Marc made his bike change with a cat-like leap without even touching the ground (a trick since outlawed), but did so after the maximum number of laps permitted. An error that led to his disqualification, rendering his team ridiculous its handling of the pit stop. The hawk-like Lorenzo took full advantage by winning and reigniting the championship race.

Lorenzo won at Motegi and Valencia and Márquez was suffering, especially as he was also beaten in the race for second by a Pedrosa seeking revenge. In the end, however Marc Márquez was crowned World Champion by four points in his debut MotoGP season. In a matter of months he had become the number one, taming the best Lorenzo ever seen, suffocating the pride of Pedrosa who, between April and November, slipped from team leader to second rider and leaving just a few hints of glory to Rossi.

The world bowed down to Márquez, but what was all the more remarkable was that no one seemed to have a plan to compete with him…

MARC MÁRQUEZ
nato per vincere - born to win

A sinistra, un dettaglio particolarmente interessante: la formica che rappresenta Márquez con i vari stadi. Si va dal relax, al riscaldamento, fino alla gara. E l'insetto si fa sempre più rosso…

Left, a particularly interesting detail: the ant representing Márquez in various stages from relaxation, to warm up and through to the race. And the insect becomes ever redder…

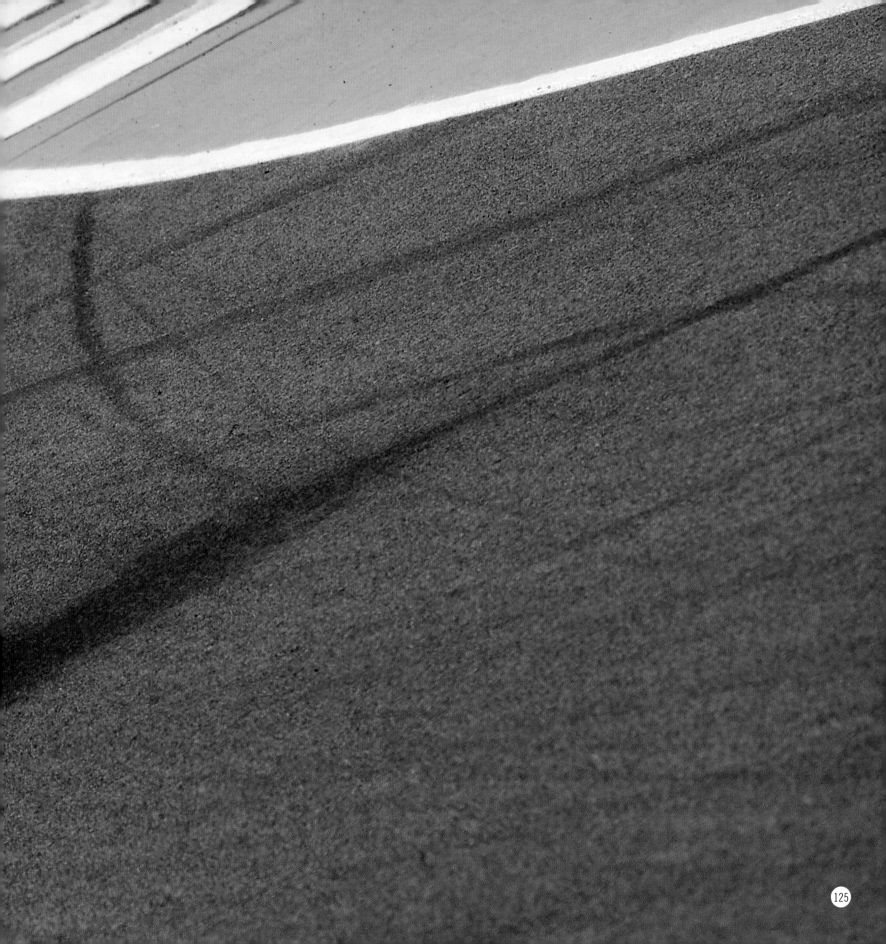

Fin dalle prime gare della stagione 2013, i rivali di Márquez capiscono che non sarà facile arrestare la corsa di questo dotatissimo rookie. Qualcuno sembra preso in contropiede e intanto Marc vince...

From the very first races of the 2113 season, Márquez's rivals recognised that it would not be easy to stop the charge of this talented rookie. Some one appears to be caught napping and in the meantime Marc wins.

Primi dolori e un bello spavento per Marc al Mugello, Gp d'Italia 2013, con il pilota che decolla letteralmente ad oltre 300 orari. Del volo gli resta una botta al mento e un momento di confusione, ma il giorno dopo Marc è già pronto alla sfida.

The first aches and pains and a fright for Marc at Mugello, Italian GP 2013, with the rider literally taking off at over 300 kph. That flight resulted in a blow to the chin and momentary confusion, but the next day Marc was already back in the saddle.

Alla sua prima stagione in MotoGP, Marc si fa subito notare per le grandi doti di comunicazione e la facilità con la quale si rapporta anche con gli altri piloti. Qualche volta i problemi ci sono nella comunicazione tra gomme e asfalto...

In this first season in MotoGP, Marc immediately stood out for his great communicative abilities and the ease with which he got on with the other riders. Occasionally there were problems with the communication between tyres and asphalt...

Non è un caso che, proprio nei giorni antecedenti il Gp di Laguna Seca, in California, Marc abbia provato con lo scooter a passare all'interno del cordolo e del pericolosissimo tombino. In gara lo ha fatto, infilando Rossi. Ma dopo una traiettoria "sporca", per fortuna ci sono anche quelle disegnate magnificamente sugli asfalti di tutto il mondo.

It was no coincidence that, in the days leading up to the Laguna Seca GP in California, Marc had tried passing inside the kerb and the fearsome drain cover aboard a scooter. He did it during the race to pass Rossi. After that "dirty" trajectory, there were fortunately many other traced magnificently on tracks around the world.

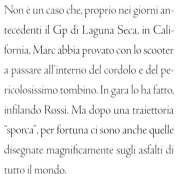

Un terribile frontale con un camion? No. Ovviamente si tratta di un effetto ottico causato da una pubblicità a bordo pista. I piloti non si accorgono nemmeno di questo muso "virtuale" che punta verso di loro.

A terrible head-on with a truck? No. It is of course an optical effect caused by the trackside advertising. The riders never even noticed the "virtual" truck heading their way.

135

L'amore di Márquez per la Honda è molto forte ed è probabile che la moto giapponese lo accompagnerà per tutta la carriera. Marc, del resto, è monomaniacale: anche i modellini radiocomandati hanno lo stesso marchio della RC213V con cui corre.

Márquez's love for Honda is very strong and it is probable that the Japanese bike will accompany him throughout his career. Marc is, after all, very much monomarque: even the radio controlled models carry the same badges as the RC213V he races.

Nonostante il grande avvio di stagione, Marc vince il titolo 2013 solo all'ultima gara, a Valencia. Qualche errore di troppo del pilota, ma anche da parte del team che in Australia sbaglia il conto dei giri e Lorenzo non molla. Una stagione durissima, quindi il trionfo finale più che meritato.

In spite of the great start to the season, Marc only one the 2013 title at the last race in Valencia. A few too many errors by the rider, and by the team in Australia when they got the lap count wrong, and Lorenzo never gave up.
A hard-fought season and a full-deserved final triumph.

VALENCIANA

omunitat Valenciana
icardo Tormo 2013

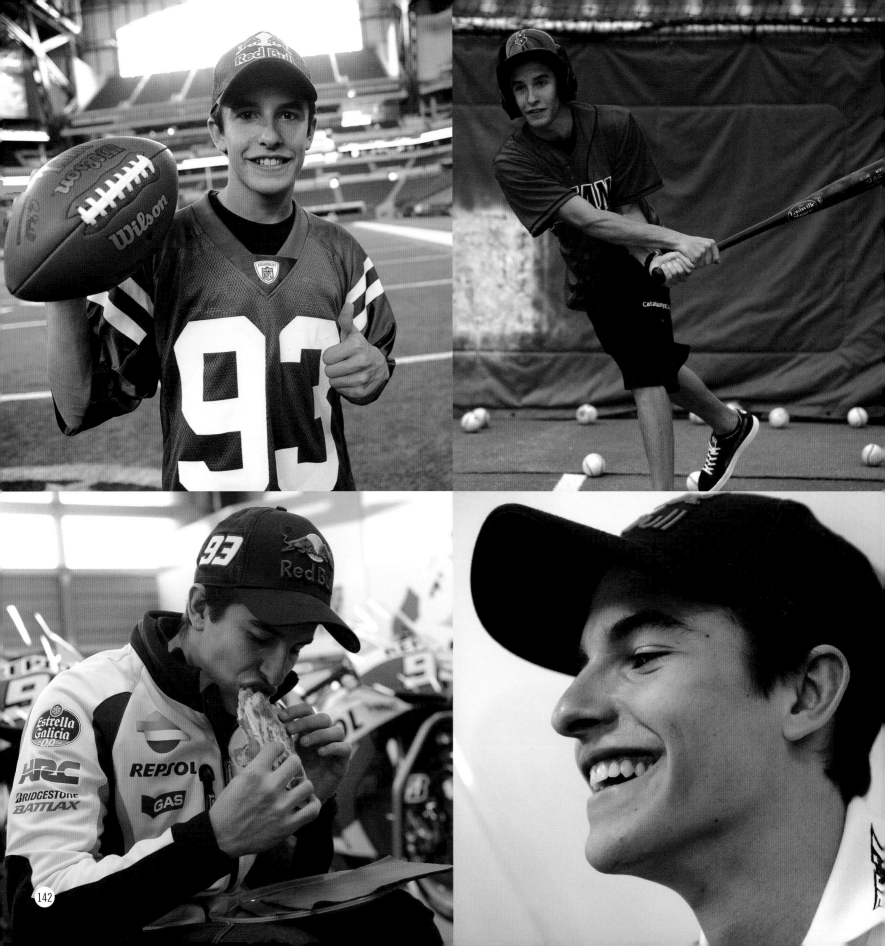

2014: la guerra lampo
2014: the Márquez blitz

Vincere non è mai semplice, ma mantenere il numero uno è un'autentica impresa. La dura legge dello sport, non scritta nero su bianco ma confermata da migliaia di esempi in tutte le discipline, non fa per Marc Márquez che decide di dribblare senza problemi luoghi comuni e consigli, scatenandosi in un avvio di 2014 che somiglia molto negli effetti devastanti alla "guerra lampo". Una serie di offensive condotte senza pietà per l'avversario, continuando ad infierire e ad avanzare senza curarsi di quello che c'è attorno. Dal Qatar ad Indianapolis sono dieci gare, nelle quali Marc ha vinto, anzi ha dominato, fregandosene dei luoghi comuni che volevano quel circuito "difficile" per le Honda, oppure del fondo bagnato. Dal Qatar a Indianapolis Marc Márquez ha corso da solo, frantumando un record dopo l'altro.

Quella dei record è una storia strana: a molti interessa sapere che un pilota è il più giovane di sempre ad aver vinto cinque gare di fila, oppure che nessuno alla sua età aveva mai vinto dieci gare tutte assieme. Ai piloti questo di solito importa pochissimo e, quando ne parlano, è perché un giornalista fa una domanda sul tema in conferenza stampa. A quelli come Marc, i record non piacciono, perché tolgono interesse dall'obiettivo della guerra lampo che è l'annichilimento degli avversari, quindi la vittoria.

E pensare che Marc aveva iniziato male l'anno.

Winning's never easy, but staying at the top is where it really becomes difficult. This harsh, unwritten law of sport, confirmed a thousand times in all disciplines, was one that Marc Márquez apparently decided did not apply to him as he shrugged off the usual clichés and advice and started the 2014 season in devastating blitzkrieg fashion. A series of offensives conducted without mercy for his rivals, continuing to attack and advance with total focus. Between Qatar and Indianapolis there were 10 races that Marc not only won, but dominated, ignoring the conventional wisdom suggesting that a particular circuit would be difficult for the Hondas or that wet conditions would cause problems. Between Qatar and Indianapolis Marc Márquez raced alone, breaking one record after another. It's a curious thing, this story of the records: many are interested to know that a rider is the youngest ever to have won five races in a row, or that no one at his age had ever won 10 races one after the other. Usually, the riders themselves care little about these things and only talk about them when a journalist brings up the subject in a press conference. Those like Marc consider records a distraction from the objective of the blitzkrieg, victory and the annihilation of the adversaries.
And to think that Marc had begun the year badly.
A fracture of his right fibula while training on a bike

Fin dalla prima gara del 2014, Márquez si dimostra in forma stratosferica, lasciando ben poche speranze ai rivali. Vero che c'è una flessione nella parte centrale del Campionato ma il rullo compressore di Cervera archivia la lotta per il titolo con 10 successi consecutivi in apertura di stagione. Nessuna pietà!

From the very first race in 2014, Márquez proved to be in stratospheric form, leaving little more than crumbs to his rivals. It is true that there was a dip in the central part of the championship, but the Cervera steamroller sewed up the title with 10 successive victories at the start of the season. No pity!

MARC MÁRQUE
nato per vincere - born to w

Una frattura del perone destro rimediata in un allenamento in moto poteva rovinargli la preparazione, invece no. Nella notte di Losail, sulla pista illuminata a giorno, vanto del ricco Qatar, Marc è in splendida forma. Chi non è a posto sono gli avversari che arrivano al primo appuntamento della stagione quasi rassegnati a recitare il ruolo degli sconfitti. Jorge Lorenzo non riesce ad andare in forma, è un po' appesantito, fatica a trovare il feeling con le nuove gomme proposte dalla Bridgestone, ma soprattutto sembra cupo. Forse è vero che l'anno prima ha dovuto attingere a tutte le sue energie fisiche e mentali per tentare la "remontada" su Márquez. Dani Pedrosa, non si sa quanto felicemente, ormai veste i panni del secondo pilota del team. Non fa proclami, non scalpita, sembra aspettare solo le briciole lasciate dal suo spietato compagno di squadra. Rossi è forse l'unico a capire che Márquez non è una divinità infallibile e tenta di mettere pressione al giovane mito. È l'unico a capire la strategia giusta ma la Yamaha non sembra irresistibile e Valentino, a 35 anni, deve imparare una nuova tecnica di guida, figlia dell'aggressività di Stoner (forse l'inventore) e di Márquez. Per sfruttare al massimo il potenziale delle MotoGp, la curva va interpretata in un altro modo: si entra veloci, attaccandosi ai freni quasi alla disperata, con il retrotreno che si solleva di una spanna buona. Poi si butta giù la moto in piega, per raddrizzarla prima possibile, spalancando rabbiosamente il gas. Un modo oneroso e impegnativo di correre, ma oggi è l'unico sistema per essere veloci e Marc è quello che riesce meglio a farlo.

Il Mondiale 2014 inizia nella notte del Qatar e, dopo la pole e una bella lotta con Rossi, Márquez vince la prima gara

might have ruined his preparation, but it was not to be. In the Losail night, on the brilliantly lit track, a glory of the oil-rich Qatar, Marc was in fantastic form. The ones who weren't ready were his adversaries who arrived at the first round of the new season almost resigned to defeat. Jorge Lorenzo was struggling to find his best form, he was a little overweight, could not get to grips with the new Bridgestone tyres and above all seemed gloomy. Perhaps it's true that the previous year he had to draw on all his physical and mental energy in his attempt to catch Márquez. Dani Pedrosa was by now confirmed as the team's second rider (how happily is difficult to say). He avoids statements, doesn't make a fuss and seems to be ready to accept the crumbs left by his ruthless teammate. Rossi was perhaps the only one to understand that Márquez is no infallible divinity and to try to put the young legend under pressure. He was the only one to adopt an appropriate strategy, but the Yamaha was hardly irresistible and Valentino, at 35 years of age, had to adopt new riding style that mirrored the aggression of Stoner (perhaps its inventor) and Márquez.

In order to exploit the full potential of the MotoGp bikes, corners have to be rethought: you go in fast, slamming on the brakes almost in desperation, with the rear end rising by a full span or more. Then you lay the bike down before pulling it up again as soon as possible and furiously accelerating away. An exhausting and demanding way of racing, but today the only way to be fast, with Marc being the finest interpreter of the style.

The 2014 World Championship began in the Qatar night and, after conquering pole and enjoying a fine duel with Rossi, Márquez won the first race of the season. After the

della stagione. Dopo la corsa accade un fatto incredibile: nessuno pensa alla replica. Come pugili all'angolo, con la guardia bassa, i rivali di Marc aspettano solo che la gara finisca, giocandosi i piazzamenti, dal secondo in giù. Con gli scarni appunti con i quali il giornalista archivia sinteticamente le gare di Márquez, inizia la cavalcata solitaria verso nuovi record. Se a Losail il commento era stato "pole, lotta vera con Rossi, poi vittoria", in Texas ad Austin si capisce come sta girando la stagione: "Marc, quasi annoiato, vorrebbe un po' di bagarre per divertirsi". In Argentina, sulla nuova pista di Rio Hondo "Márquez parte male, poi li massacra tutti"; a Jerez, su una pista molto difficile a causa delle temperature, "danza dove gli altri annaspano". A Le Mans, oltre all'immancabile vittoria, ci sono "solo piccole sbavature prima del successo". In Italia "una lotta con Lorenzo che poi cede", mentre a Barcellona c'è solo un aggettivo a ricordare la gara: "spietato". Ad Assen crolla Lorenzo, assalito dalla paura e dai brutti ricordi di un anno prima. Non è la prima volta che Jorge parla apertamente di panico, ma per Márquez nemmeno una gara segnata dal "flag to flag" a causa della pioggia presenta problemi, anzi: "Persino nel cambio moto si dimostra superiore, volando letteralmente da una moto all'altra". Si torna in America, a Indianapolis e, anche da questa gara, esce un commento lapidario: "padrone".
Dieci vittorie in altrettante gare: Marc ha letteralmente disintegrato i rivali ai quali concede qualche scaramuccia, nulla di più. È inarrivabile, lo sanno tutti. Quando in pista c'è uno che non si può battere, lo spettacolo e la tensione scendono a livelli bassissimi e, al massimo, si parla di record. Riuscirà Márquez a vincerle tutte? Questa domanda se la sono fatti in tanti, magari anche Marc...

race the incredible happened: no one thought about a come back. Like cornered boxers with their guards down, Marc's rivals were just waiting for the race to finish, squabbling over the placings from second down. A journalist's laconic notes record Márquez's races as the Spaniard set off on a solitary charge towards new records. While in Losail the comment had been "pole, true duel with Rossi, then victory", at Austin in Texas we could already see how the season would pan out: "Marc, almost bored, would like a bit of skirmishing just to have some fun". In Argentina, on the new Rio Hondo track, "Márquez starts badly, then destroys them all"; at Jerez, on a track made difficult by the high temperature, he "dances where the others flounder". At Le Mans, beyond the inevitable victory, there were just "minor blemishes before the win". In Italy "a duel with Lorenzo who then folded", while in Barcelona a single adjective summarizes the race: "ruthless". Lorenzo collapsed at Assen, beset by fear and bad memories of a year earlier. It was not the first time that had Jorge had spoken openly about panic, but for Márquez not even a race marked by the "flag to flag" due to the rain caused the slightest problem, quite the contrary: "Even in the change of bike he showed his superiority, literally flying from one to the other". The circus headed back to America and Indianapolis and here too a single word says it all: "master".
Ten wins in ten races: Marc had wipe the floor with his rivals to whom he conceded an occasional skirmish, nothing more. He was on a different planet, and they all knew it. When there's some one on track who's unbeatable, the spectacle and the tension drop to terribly low levels and at best you talk about records. Could Márquez win them all? This question was on many lips, maybe even Marc's...

La regina del Mondiale è costruita in Giappone, ha quattro cilindri a V di 90° e molti segreti. Elettronica e metallurgia sono i settori in cui la Honda fa spesso la differenza sui costruttori rivali. E la 213 è davvero un capolavoro, affinato gara dopo gara.

The queen of the World Championship is built in Japan, has a 90° V4 architecture and many secrets. Electronics and metallurgy are two sectors in which Honda can often make a difference with respect to its rivals. And the 213 is a true masterpiece, developed race by race.

MARC MÁRQUE
nato per vincere - born to w

Invece a Brno, alla ripresa delle ostilità in Europa dopo la pausa estiva, Marc stecca clamorosamente e chiude la sua serie vincente sulla pista boema. Vince Dani Pedrosa e anche questo è un segno, ma quello che colpisce è la classifica di Marc: solo quarto. Giustamente Márquez non si preoccupa più di tanto, una giornata storta ci sta e poi Brno è una pista vecchio stile, priva cioè di quegli stop and go che esaltano la guida spezzata di Marc. Inoltre qualcosa non funziona a dovere nella sua Honda che ha poca trazione. Bene, Marc è perdonato, anche perché la gara dopo, a Silverstone vince, ma lo fa in una maniera strana. Con un duello molto cattivo con Jorge Lorenzo. C'è qualcosa di anomalo in Marc, sembra di rivedere il pilota iper aggressivo di qualche anno prima, quello che si prende sempre un rischio di troppo. Sono le prime ombre di un pilota apparentemente senza macchia. E poi tende a fare troppo di testa di sua, a non ascoltare molto quello che gli dicono al box o dal muretto. Ma questo succede solo quando c'è la gara, mentre in prova è disciplinatissimo. La corsa di Aragon, quando cade sull'asfalto bagnato perché si ostina a non cambiare moto, è forse la prova evidente dei limiti di un pilota velocissimo ma che sente molto la gara. Non ha paura, anzi, diventa più aggressivo del normale. Si spiegano così, ad esempio, le cadute di Misano (quando cercava di tenere il passo di uno scatenato Rossi) o di Phillip Island. Aveva ragione Rossi ad inizio stagione: Marc sente la pressione, eccome, e può sbagliare. Non è una divinità, è un umano molto veloce, ma con qualche difetto. Come sempre i vecchi (e Rossi per essere un pilota è davvero avanti con gli anni) hanno l'esperienza per capire le cose che gli stanno attorno. Quando c'è bagarre Márquez si esalta, ma la bagarre è pericolosa, anche per lui...
Però a Motegi, nel giorno della conquista del titolo mon-

And yet at Brno, when hostilities resumed in Europe on the Bohemian track after the summer break, Marc was way out of tune and his winning run came to an end Dani Pedrosa won, itself significant, but what was truly remarkable was Marc's placing: just fourth. Rightly, Márquez was not unduly worried, an off day can happen and Brno was an old-school track, with none of the stop-and-go characteristics that exalt Marc's on-off riding style. Moreover, something wasn't quite right with his Honda, which lacked traction. Fine, Marc was absolved, all the more so because in the next race at Silverstone he won, albeit in an unusual fashion. After a hard-fought duel with Jorge Lorenzo. There was something strange about Marc and it was like seeing the hyper-aggressive rider of a few years earlier, the one who always took one risk too many. The first shadows over an apparently immaculate rider. And then he was tending to take things into his own hands, failing to listen to advice from the garage or the pit lane. But this was only during the race, in qualifying he was still highly disciplined. The Aragon race, when he crashed on the wet asphalt because he stubbornly refused to change bike was perhaps the clearest evidence of the limits of an incredibly fast rider who gets caught up in the race. He has no fear, in fact he becomes even more aggressive than usual. This explains, for example, the crashes at Misano (when attempting to match the pace of a charging Rossi) and Phillip Island. Rossi was right at the start of the season: Marc feels the pressure, and how, and is capable of making a mistake. He's no god, he's an extremely rapid human, with human defects. As always, the old guard (and Rossi really is old for a rider) had the experience to understand what's going on around them. When there's skirmishing Márquez gives

Per Dani Pedrosa il 2014 è la stagione della resa: troppo forte quel ragazzo che ha il box a fianco al suo! Dani diventa scudiero, seconda guida, con licenza, ogni tanto, di stare davanti.

For Dani Pedrosa, 2014 was the season of surrender: that kid alongside him in the pits was just too good! Dani became a team player, a second rider, with a license to stay out in front every so often.

MARC MÁRQUE
nato per vincere - born to w

diale numero quattro, il secondo consecutivo in MotoGp, Márquez fa vedere di aver imparato una nuova lezione: qualche volta una sconfitta è migliore di uno scellerato tentativo di vittoria. Motegi è la pista di proprietà della Honda e, in tribuna, c'è schierato al completo lo stato maggiore della più grande azienda di moto del mondo. Dirigenti che di solito non si vedono mai alle corse, sono venuti a vedere il trionfo della loro moto. Il pilota, si sa, alla Honda interessa fino ad un certo punto: è la loro moto che vince. Marc non può sbagliare il colpo decisivo, deve conquistare il titolo. E a Motegi Marc fa vedere di essere diventato un uomo, facendo la cosa che gli riesce più difficilmente: perde la gara.

Al via sono in tanti a sgomitare e i rischi di contatto sono in agguato ad ogni curva. I piloti Yamaha, soprattutto, sono aggressivi come non mai. Rossi ha un repertorio vasto come nessuno, mentre Lorenzo guida in maniera rotonda e semplicemente perfetta su una pista spigolosa che, in teoria, non lo favorisce. Eppure Lorenzo batte la Honda sulla pista di casa. Marc festeggia con una katana in mano, un samurai e una gheisha ad omaggiarlo. C'è tanto Giappone in questo trionfo strozzato, tanto autocontrollo, tanta disciplina. Márquez diventa Campione con un secondo posto dopo una stagione in cui ha sempre e solo corso per vincere. Ma a Motegi Marc è diventato grande. Il suo vero record è questo: a 21 anni ha imparato che, qualche volta, è meglio perdere una battaglia ma vincere la guerra.

A Valencia, gara finale di stagione, l'ultima perla, la vittoria numero 13 in stagione. Batte il record che fu Mick Doohan ed è il primo ad avere 13 gare nella stessa classe, nello stesso anno. Un altro record, uno dei tanti...

his best, but skirmishing is dangerous, even for him… However, at Motegi, on the day he conquered his fourth World Championship title, the second consecutive in MotoGP, Márquez showed that he had learnt a new lesson: occasionally a defeat is better than a hell-bent attempt at victory. The Motegi track is owned by Honda and the upper echelons of the world's largest motorcycle manufacturer were all present and correct in the stands. Managers never usually seen at the races had come to see their bikes triumph. Honda's interest in the rider only stretches so far of course: it's their bike that wins. Marc could not afford to fail with the decisive blow, he had to conquer that title. And at Motegi Marc showed that he had matured, doing what comes most difficult to him: he lost the race.

At the start there was plenty of argy-bargy with a risk of contact at every corner. The Yamaha riders, above all, were more aggressive than ever. Rossi displayed a repertory that has no equal, while Lorenzo rode smoothly and was simply perfect on a tricky circuit that in theory was not favourable to him. And Lorenzo beat the Hondas on their home track. Marc celebrated grasping a katana, with a samurai and a geisha paying him tribute. There was plenty of Japan in this muted triumph, plenty of self-control, plenty of discipline. Márquez became World Champion with a second place after a season in which he had raced to win and win alone. But Marc grew up at Motegi. His true record is the following: at 21 he had learnt that sometimes it is better to lose the battle but win the war.

At the last race of the year in Valencia: another pearl, the 13th victory of the season. Marc beats the record held by Mick Doohan and is the first rider to record 13 wins in the same class, in the same season. Another record, one of the many…

Anche il Campionato 2014 si apre, come da recente tradizione, in notturna sulla pista di Losail, Qatar. Foto ufficiali, formazione schierata e poi via, verso il primo trofeo della stagione.

I

The 2014 too opened, as is rapidly becoming traditional, at night on the Losail track in Qatar. Official photos, bikes lined up on the grid and away, heading towards the first trophy of the season.

In basso a sinistra c'è una foto che piace molto a Marc: siamo a Jerez, tempio storico del motociclismo spagnolo. Nel 2014 i tifosi di Márquez erano la maggioranza. Non accadeva dall'inizio dell'era Rossi.

Bottom left, a photo that Marc likes a lot: we're in Jerez, the historic home of Spanish motorcycling. In 2014, Márquez's fans were in the majority. This hadn't happened since the Rossi era.

Le Mans
e sacrée nature

Al Mugello non basta la grinta di Pedrosa e la voglia di vincere di Rossi.
Márquez trionfa e viene annaffiato di champagne da Valentino.

At Mugello, Pedrosa's drive and Rossi's thirst for victory were not enough.
Márquez triumphed and was soaked in champagne by Valentino.

Il segreto di Márquez? Se osservate bene le foto in basso a sinistra e qui a destra, capirete cosa significa "dare gas"! A Barcellona, gara di casa, Marc vince, imitato dal fratello Alex in Moto3.

▮

Márquez's secret? If you look closely at the photos bottom left and here on the right, you'll understand what it means to open the throttle! In his home race at Barcelona, Marc won, as did his brother Alex in Moto3.

Ad Assen, in Olanda, la gara è insidiosa a causa del fondo bagnato. Márquez vince lo stesso e taglia il traguardo "nuotando" in sella alla sua moto.

At Assen in Holland, the race was particularly tricky due to the wet surface. Márquez won in any case and crossed the line "swimming" aboard his bike.

Indianapolis, Brickyard. Oltre un secolo di storia del Motorsport passa sotto le ruote del vittorioso Marc.

Indianapolis, the Brickyard. Over a century of motorsport history passes beneath the victorious Marc's wheels.

La bandiera a scacchi, un simbolo universale del mondo delle corse, il premio per chi vince, il segno che la gara è terminata.

The chequered flag, a universal racing symbol, the prize for the winner and the signal that the race is over.

Quando l'asfalto è umido e l'aderenza non è perfetta i piloti sono molto nervosi. Anche Marc lo conferma, con uno sguardo che lascia presagire una gara non facile.

When the asphalt is damp and grip is not perfect the riders are always nervous. This is confirmed by Marc whose gaze suggests that the race will not be easy.

Alle volte capita di esagerare e di ritrovarsi a terra nel tentativo di tenere il passo di uno più veloce. A Misano Márquez cade cercando di andare a prendere Rossi e buttando via la possibilità di diventare Campione del mondo in anticipo.

At times an excess of enthusiasm will land you on the ground when attempting top match the pace of a faster rider. At Misano, Márquez fell when chasing Rossi, thus throwing away the chance of securing the title in advance.

I piloti moderni sono atleti ben preparati e la velocità e il salto esplosivo di Marc nel cambiare moto nel corso di un "flag to flag" lo dimostrano. Proprio nelle gare in cui bisogna cambiare moto, Márquez mostra un punto debole: ad Aragon decide di continuare cadendo mentre è in testa, ma con le gomme slick, sulla pista sempre più bagnata.

Modern riders are highly trained athletes and the speed and explosive leap with which Marc changes bikes during a "flag to flag" are proof. In the races where a change of bike is required Marc reveals a weakness: at Aragon he decided to continue and crashed while leading on slick tyres with an increasingly damp track.

Cambi di luce e iridescenze metalliche a Motegi, pista di proprietà della Honda, dove Márquez si è laureato Campione del mondo 2014, giusto davanti alle alte sfere della Casa giapponese.

The changing light and metallic reflections at Motegi, the Honda-owned track where Márquez was crowned World Champion in 2014, in front of the powers that be at the Japanese manufacturer.

Il samurai (in realtà un fido meccanico che ha indossato un costume storico) che porge l'affilata katana con la quale Marc ha tagliato il cavo che tratteneva al suolo un numero 1 e la geisha che gli porta il casco d'oro celebrativo della vittoria. Niente da dire, Márquez ci sa fare anche nei festeggiamenti!

The samurai (actually a trusted mechanic wearing an historic costume) offers the razor-sharp katana with which Marc cut the cable that held a number 1 to the ground and the geisha who brought him a gold helmet celebrating his victory. It has to be said: Márquez knows how to party!

Per cosa si corre? Ad esempio per un contratto molto ricco e che la Honda ha voluto prolungabile per un bel pezzo grazie a molte clausole che immaginiamo apprezzate anche dal pilota. Ma c'è anche la gioia della festa assieme al team, ai familiari e ai rivali.

Why race? For example for a very rich contract which Honda has ensured can be extended far into the future thanks to numerous clauses which we would imagine are to the rider's liking too. But there is also the joy of celebrating together with the team, with family and with rivals.

È la giornata del trionfo per la famiglia Márquez: per Marc c'è il tredicesimo successo della stagione, sottolineato anche dalla scritta sui guanti da lavoro dei suoi meccanici. Ma la gioia più grande per Marc è arrivata di Alex che è diventato Campione del mondo della Moto3.

Per la prima volta nella storia due fratelli conquistano il titolo nella stessa stagione!

A triumphant day for the Márquez family: for Marc it's his 13th win of the season, as underlined by the script on his mechanics' gloves. And yet the greatest joy for Marc is seeing Alex crowned World Champion in Moto3.

For the first time two brothers conquer world titles in the same season!

Nome/Name	**Marc**
Cognome/Surname	**Márquez**
Nazionalità/Nationality	**Spagnola/ Spanish**
Nato a/born in	**Cervera (Catalunya) 17-2-1993**
Team	**Repsol Honda HRC**
Moto/Bike	**Honda RC213V**
Potenza/Power output	**250 CV a circa 18.000 giri/min** **250 hp at around 18,000 rpm**
Debutto/Debut GP	**2008 in 125 Portogallo/Portugal** **2011 Qatar Moto2** **2013 Qatar MotoGP**
Primo podio/First podium	**GP Gran Bretagna 2008 con la 125** **Great Britain GP 2008 in 125**
Prima vittoria/ First victory	**GP Italia 2010 125** **Italian GP 2010 in 125**

Titoli vinti/ Titles won	**4: 125 (2010), Moto2 (2012),** **MotoGp (2013 - 2014)**
Gare vinte/ Races won	**45 (su 114 gare disputate), più** **del 50% di successi in MotoGP** **45 (out of 114 races disputed),** **over 50% win rate in MotoGP**
Pista preferita/ Favourite track	**Austin (USA)**
Stato civile/ Martial status	**celibe/single**
Altezza/ Height	**1,68 metri/metres**
Peso/ Weight	**59 kg**
Tuta/ Suit	**Alpine Stars**
Casco/ Helmet	**Shoei**

Finito di stampare nel mese di novembre 2014

presso: Grafiche Flaminia, Trevi (PG)